认知变现

一个投资者28年的观察和思考

耿 华◎著

中国经济出版社
CHINA ECONOMIC PUBLISHING HOUSE
·北 京·

图书在版编目（CIP）数据

认知变现：一个投资者28年的观察和思考／耿华著
.--北京：中国经济出版社，2022.1（2023.3重印）
ISBN 978-7-5136-6807-1

Ⅰ.①认… Ⅱ.①耿… Ⅲ.①股票投资-基本知识
Ⅳ.①F830.91

中国版本图书馆CIP数据核字（2022）第004803号

责任编辑　燕丽丽
责任印制　马小宾
封面设计　任燕飞

出版发行　中国经济出版社
印 刷 者　北京力信诚印刷有限公司
经 销 者　各地新华书店
开　　本　710mm×1000mm　1/16
印　　张　17
字　　数　180千字
版　　次　2022年1月第1版
印　　次　2023年3月第3次
定　　价　58.00元
广告经营许可证　京西工商广字第8179号

中国经济出版社 **网址** www.economyph.com **社址** 北京市东城区安定门外大街58号 **邮编** 100011
本版图书如存在印装质量问题，请与本社销售中心联系调换（联系电话：010-57512564）

认知变现
一个投资者28年的观察和思考

前言

2016 年秋天我在西藏旅游，从导游那里了解到“转湖”的概念，从此记住了这个对我有特殊意义的词汇。羊年转湖，马年转山，猴年转森林，据说是佛祖给人间留下的旨意。修行者绕湖而行，便可获取无量功德和渊博的知识，并能驱除自己的恶习和痛苦。2017 年下半年，在我心里埋藏已久的一颗种子开始发芽、开花，对自由的向往再也无法抑制，促使我必须采取改变现状的行动。在同事、朋友甚至家人的不解和惋惜中，我毅然放弃了外人看来光鲜无比的大机关重要职位，开启自由的投资和写作生活。

新生活悠闲随意，我不再为赶领导安排的各种“命题作文”而焦虑，也无须再参加各种不想参加的会议，见不想见的人，说不想说的话。我将领导的喜好、同事的看法、部门之间的关系等一切我不感兴趣又不得不每天仔细盘算的事，全部从脑中清除，我的生活逐渐达到了我想要的状态。

我住的地方与著名的南京莫愁湖只隔一条马路。通常情况下，我上午研究股市、看书，下午围绕莫愁湖走一圈，边走边思考。莫愁湖春天樱花烂漫，夏天荷花满池，落日时蛙声一片，秋天银杏林一地金色；花期人流如织，平时却很幽静，是思考问题的绝佳场所。沿湖是维护良好的林荫小道，大概4公里，我走得慢，一圈要花费一个小时。3年来我在雪球社区以“自由的滋味真好”为名写了139篇小文章，总阅读量超过亿次，转、评、赞共计约8万，这些都是我在转湖中思考而得。思考和写作的过程提升了我的认知能力和水平，最终转化为投资的收益。

我1993年接触股市，2000年以后将投资确立为改变人生的途径，在资金和精力上倾力投入，混迹市场28年。我这一生做的最重要的事是股票投资，而不是占用了我大部分时间、给我带来社会身份的本职工作。我的身心因股市发生深刻变化，生活条件得到极大改善。28年的坚守，让我以利益相关人的身份亲历几乎所有在这个伟大时代发生的经济、政治事件，看到了大量令人蹙额的兴衰、成败，见证国家建设取得的每一个巨大成就，以及股市由“蛮荒时代”走向“星辰大海”的宏伟旅程。我很幸运，没有在前期股市不成熟的时期遭遇毁灭，而是在股市各项制度基本完备时享受到坚持正确投资理念而带来的丰厚回报，基本实现了当初天马行空般的预想。普通人的理想和奋斗最能感动人，看到越来越多的人，特别是刚刚走入社会的年轻人立下了和我当初一样的志向，我的心里就有一根弦被拨动。我为他们担心，希望将我所知道的股市说给他们听，对他们能有所帮助。

这本书是我对股市观察和思考的总结，分成市场篇、公司篇、方法篇、杂谈篇和访谈篇5个部分，一共80篇短文。为了说清楚道理，本书列举了多个买卖实例，对我近几年重要的操作从买入卖出理由、持股心态、跟踪过程、目标实现等多个维度进行详细描述，对长期持有的几只个股条分缕析，使其细致呈现。28 年来，我对市场的跟踪和认识，对涉及公司的考察、思考、剖析，对理念的坚持和更新，等等，影响投资的主要因素都一一记录其中。可以说这本书包含我在股市获得满意结果的全部秘密。

股市是个万花筒，每个投资者看到的都不一样；股市也是巨无霸，我们对它的观察和思考也只是盲人摸象，因此我以多点切入的方式来表述，希望能更贴近和深入地描述我眼中的股市。我始终认为世间不存在包赚不赔的操作法，对市场的深刻认识、坚持正确的投资理念、对知识永不疲倦地追求，才是长期获得超额回报的基础，也是我知道的唯一方法。因此，我写这本《认知变现》，也是希望借此与读者朋友分享我的思考和认知提升过程；另外，一项做了 28 年的事情总要有个较为庄重的总结，也是对自己的一种交代，有了这本书，这件事可以算作圆满。

2021 年 8 月

于南京莫愁湖畔

市场篇

公司篇

方法篇

杂谈篇

访谈篇

市场篇

01
股票市场风险的由来及规避

2020 年 5 月 15 日

对投资而言，如何看待风险就像如何看待生死一样，是最重要的事情。我们平时所说的研究投资，主要内容也是对风险的揭示和管理。古代名将能瞬间感知兵临险境，而同行的人却丝毫没有察觉，为何？技能精深也。在股市成功的人，如果不是走狗屎运，那么一定是具有某些特殊的才能，其中识别、规避甚至利用风险的本领是最宝贵的。

人类到目前为止还不具备预测未来的智慧和方法，这一认知是我风险观形成的基础。如果你相信皇历、八卦、易经、数术、梅花易数等各种神术妙法，我的这篇小文就不能与你产生共鸣，反而会干扰你前进的步调，那么请你忽略它。

风险有下面几种情况。

所见非实。我们都看过鬼手转杯的魔术，明明看到小球就放在那个杯子下，揭开却是空的。试想，你当场双目紧盯尚且如此，对于通过报表等间接方式而得出的结论还能有多大的信心呢？股票是不见面的游戏，如果上市公司老板和管理层心存不良，如果信息在传送过程中被有意无意地加工、改动，都会引导你的认知走向事实的反面。你当面看着尚且看错，就不要自信到靠看看资料就能判断一个公司在未来价格会上涨还是下跌了。

自动屏蔽。《看不见的大猩猩》一书中描述了一个实验，证明人在太过专注一件事时就会自动屏蔽其他事情。两支球队正在进行篮球比赛，要求参加实验的人数其中一支球队的传球次数。比赛中一个装扮成大猩猩的人进入赛场，并模仿大猩猩做一系列怪异动作，结果有上万人观看了比赛视频，超过一半的人没有注意到大猩猩的出现。我们买了一只股票后会自觉或不自觉地忽略关于它的不利消息吗？扪心自问，我是有过这种情况的。

时空转换。一只蚂蚁被落下的苍蝇砸死了，蚂蚁中的专家也不可能知道原因，因为蚂蚁看到的世界是二维的。不管你如何努力，把一个公司研究得多么透彻，因时空转换而产生的风险仍然不能规避。平心而论，3 年前我买入信立泰时对仿制药集中采购的政策风险是毫无预见的，因此虽花了很多时间和精力，对公司也算比较了解，这笔投资仍然摆脱不了至今浮亏的命运。

简单因果。我们习惯于用因果来解释每一件事，认为世间万物是相联系的，有一必有二。实际上物质之间的关联绝大部分是随机事件，能通过逻辑推演、计算得出的关联是极少的特例，世界不是专为人类准备的。我入市的早期认识一个股友，一天他非常肯定地告诉我，“今天大盘要跌”，我问原因，他以鄙视的口吻说，“今天国债 ××× 发行，股市中的钱要流出”。那时股市的资金流成为判断涨跌的主要依据，大部分人脑子中形成了“股市外有资金需求等于股市下跌”的共识。还有一个同事，他认同了市场流行的看法：大盘股永远不会涨。

然而，在后来2007年出现的A股最大牛市中，被当时的巨无霸上海石化的涨幅惊得目瞪口呆。

光环效应。一个人学历高、长得漂亮，初次相见，大部分人会认为这个人人品一定好，能力一定强。在股市我们也常犯如此轻率下结论的错误。存心造假的公司展示的外在信息一般非常吸引人：管理层博士一大把；创始人到处做善事；公司业绩报告光鲜亮丽，如营收和净利润增幅超过30%，而且保持3年以上；业务拓展至最热门行业；有一大笔银行存款；等等。如果你根据这些信息就买入股票，那只能说你太善良了。

02

二维空间要考虑三维空间的事情

2019 年 9 月 29 日

一群蚂蚁自由自在地生活，食物运输需要多少“蚁力”，如何搭建精美的蚁穴，它们都能算得很清楚。有一天，忽然一只苍蝇死了，掉在蚂蚁窝附近，引起蚂蚁世界的骚乱。最有智慧的蚂蚁专家也弄不懂苍蝇来自何方，因为蚂蚁的世界不存在空间的概念。

投资的本质是要战胜不确定性，获得可预测的必然如此的结果，这就要求投资人走在变化的前面。南怀瑾先生说在变革面前有 3 种人，第一种是能预见变革的到来，站在变革大潮的潮头，引领变革的方向；第二种是积极面对变革，顺应变革，得以安身立命；最后一种是抗拒变革，拒绝改变，最后多半是愤恨而死。投资人如果没有第一种人的能力、胆识和意志，起码要达到第二种人的标准。可以看出投资对人整体素质的要求还是非常高的。战胜不确定性与蚂蚁知道苍蝇的来历一样难吗？爱因斯坦说过，宇宙就像一个永远无法打开的表壳，人类发现的一切关于这只钟表的运转规律只不过是碰巧吻合的自洽。人类一思考上帝真的就发笑吗？

好在我们是人类，是地球上唯一有智慧的物种。王阳明心学的全部秘密可以总结为一句话：世间的一切，包括知识、思想、道德甚至实物，都在我们内心，向内心探寻可以找到任何问题的答案。投资何尝不是呢？巴菲特、芒格是投资者公认的智者，他们的伟大在于很早就提炼出几条不变的真理，然后用一辈子来践行。他们把不可知的投资确定化，他们的思考让上帝笑不出来。

03

产品、连锁、平台和加法、乘法、指数

2020 年 10 月 22 日

人类在科技、文化和组织形式上的进步，最终会在经济领域显现，通过产品、服务、市场、效率影响每个人。公司是经济活动的重要参与者，因此成为感知时代变迁的最好窗口。

19 世纪以来，商业零售领域出现了两次重要蜕变——连锁和平台。在此之前，公司就是简单的生产和销售个体，难以突破区域限制。第一家近代连锁店美国大西洋和太平洋茶叶公司（更名前为大美国茶叶公司）成立于 1859 年。20 世纪 50 年代以后，连锁销售在全球各地获得了飞速发展，涌现沃尔玛、家乐福、肯德基和苏宁等著名公司。最近十几年，商业领域最显著的特征是互联网零售和传播平台的出现和繁荣，阿里巴巴、京东、美团、腾讯、抖音和美国的亚马逊、谷歌、脸书、推特等，以“病毒”一样的传播速度和摧枯拉朽之势占领了商品销售和信息传播的主导地位，成为经济领域的重要力量。

传统的公司增长依靠产品的竞争力，价格和销量是两个关键要素，两个要素中的一个能保持增长的势头，则公司无忧，我称之为

“加法增长”。如东阿阿胶，曾经3年中连续提价十几次，销量却难以提升，公司也不能算作强势。如果两个要素可以同时增长，我称之为“乘法增长”，如贵州茅台，飞天茅台酒的零售价从20世纪70年代末的8元提高到2018年的1499元，销售量则从几百吨到2018年的约3.2万吨。茅台的双要素增长像印度的“通天绳”，不知道尽头在哪里。而连锁的核心是拷贝，全要素简单复制，最高效率地拓展经营的地域范围，企业营业收入超常规增长，在此基础上建立商业特权，获得竞争优势。如十几年前的苏宁，一年开1500家店，股价3年涨30倍。电商平台公司则是利用互联网无限的聚集效应、长尾效应和近乎零的边际获客成本，以便捷和便宜为法宝，吸引海量客户，改变他们的消费行为，培养他们的消费习惯，使他们从线下转到线上并且留在线上，将实体商业模式的客户变成自己的客户，从而汇集巨额的交易量，并以此为基础建立商业体，这类公司属于指数型增长。阿里巴巴、腾讯、美团、京东等发动的是一场商业革命，对传统商业企业是降维打击，不是竞争，而是“屠杀”。

指数增长型公司是资本自主设计和喂养大的，是凭空而降的，投资该类公司的依据与投资传统公司完全不同，至于具体有哪些不同，投资人看法各异，还没有形成系统的理论和统一标准。平台公司虽然很强大，但没有消灭一切异类的本领，最起码就现在而言，阿里巴巴、京东还要到茅台镇求取货源。

投资之所以难，在于做好投资要求投资者能看清时代特征，准确把握经济趋势，正确识别商业模式优劣和控股股东的人品，这需要我们不断学习和思考。

04

新物种、新逻辑、新市场呼唤新思维[①]

2020 年 10 月 8 日

巴菲特活了 90 年、入市 80 年没见过股市一周熔断 4 次！这让我感到恐惧。如果因果律被推翻，人类的思考就显得很可笑。

最近几年，经济领域出现了两个“活久见”的现象，一个是“负利率”，另一个是愈演愈烈的亏损企业高估值现象，值得我们下气力一探究竟。

“负利率”连巴菲特也说没搞懂，我也就不必不自量力花时间来思考，这里谈谈我对另外一个问题的看法。

一些持续亏损企业可以长期维持百亿甚至千亿、万亿元市值，在它们身上我们看不到亏损企业常常表现的窘迫，反而是欣欣向荣，还不断发展壮大，这是正常现象吗？这些企业最早在互联网行业出现，最出名的是京东。京东 1998 年成立，2014 年在纳斯达克上市，2021 年市值约 1200 亿美元，最高市值 1680 亿美元，是全球财富 500 强排

① 本文收录本书后做了数据更新。

行榜上榜企业。根据京东上市的招股说明书，其在上市前经历了5次融资，且长期处于亏损状态。与京东相似的还有美团、滴滴、快手等众多互联网企业。近期，这个现象在创新药赛道重演，疯狂程度甚至比互联网行业还要厉害。

香港联交所于2018年4月修订主板上市规则，新增第18A章“生物科技公司”（下称“新规”），允许未有收入、未有利润的生物科技公司提交上市申请，并且联交所于4月30日发布有关生物科技公司上市申请的指引信。2018年7月，香港市场迎来了第一个以新规上市的企业——歌礼制药-B（HK：01672），一家致力于抗病毒、癌症治疗研发的临床阶段生物制药企业。在它之后，以新规上市的速度加快，促使香港成为全球第二大生物科技融资中心，约160家医疗健康公司在此上市。2019年6月，上海证券交易所科创板开板，上市条件与主板相比大幅降低，也允许亏损和无营收科技公司上市，9个月后就吸纳超过100家企业，总市值1.2万亿元。

在香港上市的百济神州有限公司是家神奇的企业，它由中美“双料院士”王晓东博士创建，美国著名投资人、职业经理人欧雷强是联合创始人，高瓴集团从天使轮开始8次跟投，帮助百济完成总额约80亿美元的融资。这家企业成立10年亏了10年，2020年上半年亏损达7亿美元，而市值却不断突破历史新高，超过2000亿港元，最高时近3000亿港元。

经济学常识告诉我们，股价是企业未来现金流的折现，而以上公司的股价就像量子力学对经典力学的挑战，不在同一个层面、同一个系统。我们不能简单下结论，说目前在医药创新赛道发生的事是2000年前后主要发生在美国的互联网泡沫的重演，其结果逃不过一地鸡毛的宿命。退一万步讲，当年造成巨大浪费的投资狂潮的积极意义同样巨大，目前影响世界几十年，极大改变人们生活方式的谷歌、脸书，都是在那个时期被孕育出来的。

人类社会的进步每一次都伴随血与火的洗礼，科技的突破总是在思想和世俗的巨变中产生，因此积极面对、热情拥抱、深入研究、审慎评判是投资者对待新事物应该持有的态度。京东已经开始盈利，企业实力更加强大，根本看不到要倒闭的迹象。更重要的是，这类企业为社会提供了明显的新价值，通过改变人们的消费习惯而长久、深刻地改变人们的生活方式，推动不可逆转的社会变革。

这类企业的建立和发展与传统企业根本不同，相对于后者，它们属于新物种。首先，它们按资本的意愿搭建，靠资本长期喂养，资本在证券市场或者场外实现退出，并非只能通过分红实现投资目标。其次，它们“无中生有”创造新需求，培育用户习惯，建立一个新市场而毁灭旧市场。最后，赢家通吃，头部企业可以快速将体量做到巨大。

传统经济学也并非完全不能解释创新企业的估值，从资产的角度能够看出一点合理性。这类企业值钱的资产与传统观念的品牌、厂房、土地、设备不同，互联网企业的核心资产是用户，如微信有 11 亿日活跃用户，美团、京东的有 5 亿左右，几亿人形成的财富效应是大到无法想象的。生物医药公司最值钱的是新药专利，通过验证的新靶点和治病新机理、进度领先的临床试验、活性和安全性好的新分子，最后会以专利证书和上市批件的形式加以固定，其中包含未被大多数人理解的巨量财富制造基因。简而言之，生命多重要，新药就多值钱。2020、2021 年国内创新药企完成的新药（包括临床阶段）海外权益交易额（BD）就已经很惊人，如天境生物科技有限公司的 ADC（抗体偶联药物）、百济神州有限公司的替诺雷珠单抗、荣昌生物制药（烟台）有限公司的 ADC、信达生物制药有限公司的 PD－1[1]，中国区以外的权益交易总额（药品海外权益售出）都超过了 20 亿美元，这是以前从未有过的事情。[2]

新的逻辑会深刻影响市场行为，改变市场偏好，这是最近出现一批新牛股以及传统旧蓝筹股慢慢跌落深渊的原因。

认知的提高是财富增长最根本的途径，早点上路，一切不晚。

---

① 一种免疫治疗药物，全称是信迪利单抗注射液，2018 年 12 月经国家药品监督管理局批准上市。

② 相关数据来自公司年报。

05
三个维度看创新

2020 年 8 月 19 日

如何看待创新成了投资二级市场的关键问题，看不懂后果很严重，不仅影响收益，更重要的是可能让持仓暴露于风险，带来灾难性后果。这几年我围绕创新看了一些公司，认为从三个维度来观察，更容易识得“庐山真面目”。

一看创始人人品和专业背景。创始人人品是门槛，曾经做过损害投资者之事的公司就不要看了。坏人变好比好人变坏要难得多，少见得多。专业背景则是越硬越好，如百济神州的王晓东，是中美“双料院士”；诺诚健华的联合创始人施一公，是具有世界声望的细胞生物学家；信达生物的俞德超，被誉为实验天才，3 个一类新药研发人，手握 60 项专利；贝达药业的丁列明，获得过国家科技进步一等奖；康宁杰瑞的徐霆，持有 100 多个专利；等等，无一例外是医药领域的牛人。信立泰有点不同，创始人叶澄海（老叶总）是经过磨砺的政商强人，他三起三落的传奇经历广为流传。“创二代”叶宇翔（小叶总）所学虽然不是医药专业，但耶鲁毕业和在美国商界奋战的经历无疑会强化其国际背景和全球眼界，这是一个国际化企业掌舵人更加难得的品质。

二看研发管线创新成色。我会综合考虑以下因素，给创新打分。第一，基于全新分子、靶点和治病机理。即研发药品具有新的分子结构，或是基于新发现的作用靶点或作用机理，有同类首创（FIC）或同类最优（BIC）的潜力。第二，基于成熟靶点但临床进度全球前三。第三，有自主研发药品被美国食品药品监督管理局（FDA）批准上市，或在美、欧、澳、加等地开展多个后期临床试验，公布了具有竞争力的临床数据。第四，研发创新药被国家药品监督管理局（NMPA）批准上市，并在临床显示患者获益。第五，具有完全知识产权的新药海外权益售出首付、里程碑付款和销售分成总额在10亿美元以上。第六，获得国家科技进步一、二等奖，国家专利金奖。第七，获得FDA及国家药品监督管理局药品审评中心（CDE）快速申报、优先审评、突破性疗法、快速通道、孤儿药等资格。第八，新药上市后短时间能进入临床用药指南，成为重要病种的一、二线用药。第九，进入国家医保目录、基本药物目录等。第十，在《柳叶刀》《自然》等权威杂志发表论文或被推介。

三看财报。重点看现金余额、再融资次数和金额、销售收入规模、研发投入占比和数额、股权激励情况、员工学历结构、博士数量，等等，主要弄清钱还够花多久、研发经费使用效率、多长时间才能达到内生平衡、人才是集聚还是分散等问题。创新型企业的财报不能用传统企业的标准来衡量，要结合创新成果、新药商业前景和商业化进度来综合分析，不然就会差之千里。

06

隐秘的规则：创新溢价[①]

2020 年 7 月 19 日

市场先生近几年对创新产生了极大热情，屡屡报出惊人的价格。2020 年 7 月 13 日，特斯拉股价收在 793 美元，市值将近 8000 亿美元，而一年生产 1000 万辆车的世界第一车企丰田市值才 1700 亿美元。7 月 6 日特斯拉股价上涨 13.48%，一天的涨幅超过福特的市值，而福特具有超过百年的历史，是流水线生产汽车的鼻祖，特斯拉在它面前只能算孙子辈。2021 年 8 月 12 日，已经万亿市值的电池“新贵”宁德时代公告增发预案，拟向不特定对象增发新股，融资超过 500 亿元。在医药领域，上演着同样疯狂的剧本，百济神州在融资 20 亿美元以后公布了在科创板上市的计划，拟融资 200 亿元，实现在美国、中国香港和中国内地 3 地上市。百济神州成立 10 年融资总额超过 70 亿美元，据我有限的见闻，这已经创造了既往初创企业融资的纪录。

东边日出西边雨，一半是海水一半是火焰，现在的市场火焰山和

① 本文收录本书后做了数据更新。

千年冰窟是同时存在的。第一大权重板块银行股长期低迷，市净率（PB）平均低于0.8，市盈率（PE）低于10倍，股息收益率大于5%。其中港股中信银行PB不到0.3，PE不到3倍，股价K线图如“飞流直下三千尺”，投资人则“高堂明镜悲白发，朝如青丝暮成雪”。我能理解被架在火上烤的焦虑，也能体会被打入冷宫的痛苦，但是最重要的恐怕是要想清楚以下几个问题：市场先生何以厚此薄彼到如此地步？投资人应该怎样看这种奇怪的现象？我们对市场的认识是否有刻板、片面的地方？不然，今后的投资就成了吹着口哨走夜路，除了打气壮胆什么也做不了。

脸上贴着价值投资标签的投资家对此一定不屑一顾，但是事实有时不顾专家的脸面，也不管人类是否看得懂、看得舒服，只会按照自己的逻辑走。

依照传统经济学理论，公司的价值是未来现金流的折现，估值普遍采用基于股利的戈登增长模型。以我28年的经验为依据，可以毫不犹豫下结论：按照以上标准来选股票，在A股市场可能大部分时间要空仓，而且不会赚到多少钱。如果买股票是为了拿分红，还不如把精力放在债券上。股票是企业权属的一部分，而企业的成长是不可限量的。在股市获得超额收益的投资绝大部分是赶上了企业快速成长的列车。

给创新高溢价不是新鲜事，股市开埠以后反复演绎同样的故事。远的，如大航海时代，在股市融到钱的冒险家买船、雇水手，开辟新航线、发现新大陆，推进人类交流并扩展贸易网。我们虽然不知道当时市场给的溢价是多少，但从投资者要么倾家荡产要么暴发的故事，可以推测一定是难以想象的天价。近的，如发生在19世纪的第一条海底光缆的建设和20世纪90年代末期的互联网泡沫。我想现在的疯狂还远远没到那个程度。互联网泡沫虽然造成了巨大财产损失，但它催生的新势力主导了美国新的一轮经济振兴，将来势汹汹的日本等国彻底打服。苹果、微软、脸书、亚马逊、谷歌等创新型公司成为市值前十名的企业，超过传统的银行、石油“巨无霸”。美股近10年是个大牛市，但道琼斯指数如果除去上述五大科技龙头，它不是涨了一倍，而是下跌了30%。

历史是螺旋式演进的，直来直去的人不适合做投资。在未来市场，人们刻意回避创新基本没有大钱可赚，拥抱创新也要做好被玫瑰刺手的准备。给大家一些建议：一是聚焦。选自己感兴趣的领域深入研究，日积月累成为此中高手。我是划定医药能力圈，以后的新投资不会再出圈了，圈外的“妖怪”太多。二是等待。好的创新型企业价格不会便宜，遇到行业利空或市场恐慌反而是机会。如2019年，医药行业受仿制药集中采购影响，很多好公司的股价暴跌，现在看来是难得的买入机会。三是冷静。好公司上市的时候、融资的时候、市场情绪激动的时候往往是天价，这个时候就要有一点“静”的功夫，没机会买是缘分不到，不要强求。

07

医药创新新视点：从百济神州的故事说起

2020 年 8 月 11 日

在扑面而来的医药创新大潮中，百济神州有限公司是一颗耀眼的星星，它的创建和成长经历堪称一部传奇。医药创新领域牛人辈出，奇闻逸事数不胜数，即使这样，在全球范围，百济神州仍然算得上非常特别。

这家 2011 年创办的公司，已经融资 10 次，共融得约 78 亿美元，这是我知道的医药初创公司最大的融资规模。其中最近的一次发生在 2020 年 7 月，向主要股东发行约 12. 5% 股份，获得约 20. 8 亿美元，是迄今全球生物科技领域最大规模的单次股权融资，此前的纪录由美国企业 Moderna 保持，金额是 6. 04 亿美元。高瓴资本 8 次跟投，最后一次出手就是 10 亿美元。成立 10 年来，该公司还没有尝过盈利的滋味，总共亏损了 20 亿美元，2020 年上半年就亏了 6. 99 亿美元。

百济神州有两款自主研发的新药上市，其中泽布替尼首先在美国上市，7 个月后于 2020 年 6 月才在中国上市。这是全球第三款、国内第二款BTK抑制剂[①]，2500例临床试验表明其具有同类最优潜质。另一款替雷利珠单抗，是一种针对免疫检查点受体PD－1的人源化IgG4单克隆抗体，在安全性和有效性方面表现出良好的临床价值。2017年7月，百济神州以近14亿美元的交易总额将替雷利珠单抗亚洲地区（除日本）以外的实体瘤治疗开发权益转让给新基制药（Celgene），创下了当时国内药企单品种权益转让新纪录。该合作虽因百时美施贵宝公司（BMS）收购新基制药而终止，但百济神州收回了全球授权并获得新基制药支付的1.5亿美元赔偿，不久以22亿美元将海外权益卖给诺华制药（Novartis），这足以证明其研发成果的高质量。除此之外，百济神州与新基制药、德国默克医药生物技术公司（Merck Drugs & Biotechnology）等拥有超过20项的药品研发、商业化合作项目，有40条高质量管线，在美国、加拿大、欧洲、澳大利亚同时开展几十个临床试验，国外临床维持人员将达到2000人，即使"医药一哥"恒瑞医药也望尘莫及。

读了以上文字，你就会认可我对百济神州的定位并非虚夸，同时可以引出下一个问题：百济神州的出现是巧合还是必然，百济现象揭示了哪些非同寻常的变化？

在高瓴资本组织的一次高规格研讨会上，百济神州的创始人王晓东院士提出：医疗健康产业应该成为国民经济第一大产业，现在的创新药投资热潮不过是推开了一扇门，更大的在后面（非原文引用）。我认同这个观点，大概2015年前后，因为工作我考察过江苏省泰州、

① BTK抑制剂指布鲁顿氏酪氨酸激酶抑制剂，是B细胞受体（BCR）信号传导通路中的关键激酶，在不同类型恶性血液病中广泛表达，参与B细胞的增殖、分化与凋亡过程。由于BTK小分子抑制剂特异性非常好，在B细胞类恶性肿瘤及一些B细胞免疫类疾病的治疗中显现出非常好的优势，BTK抑制剂也因此成了血液瘤市场前景最好的药物。

苏州、无锡等医药科技园，看到数量众多的“海归”博士满怀信心和热情艰苦创业，听他们描绘人类健康事业的未来，看到跨国药企高端先进的实验室，当时内心受到极大震撼，只恨不能参与其中。这几年国家新药审批政策出现了根本性改变，全国性仿制药集采已经完成了5轮，下面还要延伸到胰岛素和生物制剂、中药，辅助用药得到重点监控，使用受到抑制，药企面前只留下创新一条生路。另一个方面，科技竞争已经成为国家间竞争的一个重要领域，老百姓要过好日子、国家要富强，很大程度上取决于科技实力。20世纪80年代以来，围绕互联网开放出万紫千红的花朵，成功改变了世界上大多数人的生活方式，无数从业者在此建立了自己的事业，实现了人生理想。而21世纪是生物科技时代，在上文提到的那个会议上，就有科学家提出，生物健康产业到了上下游耦合时期，将出现无法估计的庞大应用。

对一般投资者而言，比尔·盖茨、乔布斯在大学宿舍研究计算机的时候，我们见过的计算工具只有算盘，因此没有坐上互联网革命的列车是时运不济，不应该感到可惜和懊悔。现在机会来了，完全看我们怎样把握了。

资本嫁接科技快速造就强大公司，改变行业格局，重新划分利益版图，这一切看似梦幻却很真实。长期不盈利的公司不能成活，就像一日要吃三餐一样天经地义，而百济神州不但活得很好还愈来愈强大，原来活得滋润的传统企业反而逐渐窘迫。由此我想到了高瓴塑造的另一家著名的公司京东，这家同样10年亏损的公司，没有像很多人预言的那样消失，反而从2019年开始盈利了。这个例子对投资具有非凡的意义，提示我们风险不光来自视野内，也会凭空出现，因为京东的壮大对苏宁以及所有传统零售企业都意味着风险。资本遇到科技会出现无限种可能，带来现实的巨变。

百济神州融资汇总①

2011 年 11 月，0.2 亿美元创办。

2014 年 11 月 A 轮 0.75 亿美元；2015 年 4 月 A－2 轮 0.97 亿美元；2016 年融资 3.9 亿美元，其中 2 月纳斯达克上市融资 1.8 亿美元，11 月公开发售获得 2.1 亿美元；2017 年融资 3.4 亿美元，还向股东借贷 1.4 亿美元（新基制药 PD－1 合作加股权融资等）；2018 年融资 16.6 亿美元（港股 IPO 及增发等）；2019 年以 27 亿美元售出 20.5% 股权予安进，2020 年初完成；2020 年 7 月宣布大额融资，20 亿美元。以上合计约 74.02 亿美元。

2021 年 1 月 29 日百济神州宣布其科创板上市计划被上海证券交易所受理，预计融资金额 200 亿元。

---

① 数据来自“雪球”。

08

降价控费是否改变了医药股的投资逻辑[①]

2019年6月10日

逻辑，通俗讲就是因果关系，在股票市场即巴菲特所说：好的逻辑是少数必然如此的机会，逻辑错了投资必然失败。2018年第一轮集中采购实施以来，投资医药股的人有点晕头转向，他们弄不清楚“白富美”何以一下子变成了“黑穷丑”。我认为，面对新的环境，想清楚下面3个问题至关重要。

第一，市场总量萎缩了吗？

医保、医药和医疗，不管在哪国，对哪一届政府来说，都是一件大事和难事。每种管理系统都有其优点和弊端，并且对药品、器械来说，政策总的基调一定是降价和控费，这是政府的职能和性质决定的。我入市以来，我国政府对药品价格的干预就没有停止过，2000年前后是国家发展改革委主导价格约谈，三四年时间至少谈了20多轮；2018年前后是仿制药和支架集中采购、疾病诊断相关分组付费（DRG）、

① 本文数据做了相应更新。

两票制、辅助药使用监控、抗生素限制使用、限制输液等，相关调控政策可谓高频次大范围，力度空前。

但是人类文明演化的进程也伴随着医药、医疗的发展和医疗服务范围的扩大，人民要过上好日子，享受更加完善的医疗服务是其中的重要内容，因此，只要社会发展，繁荣继续，医疗服务需求的总量就会持续增长。另一个方面，人类掌握的科学技术越来越先进，物质条件得到空前改善，地球承载力得到显著增强，人口也因此快速增长。今天作为个体的人的需求比以前任何一个时期都多，因而社会需求总量也随之呈现爆炸式增长。随着经济社会不断发展，人们对关乎生命和健康的医疗服务应该有超出其他产品和服务更多的需求，而且这个趋势将一直延续。

第二，优质公司的市场占有率下降了吗？

实际上，投资人更应该关心的是竞争格局变化。不管出台多少降价、控费的政策和措施，市场需求继续扩大是肯定的，外资企业市场占有率不增加甚至减少也是必然的，这多出来的空间就是国内优势企业的市场增量。但你持有的企业能否在竞争中获胜、拿到更多的市场份额并不确定，这才是要关注的重点。拿信立泰来说，经过5轮仿制药集采的“洗礼”，其主产品泰嘉①仍然占有30%的市场，而2021年6月开展的第5轮仿制药集中采购中有注射用头孢呋辛钠、盐酸乐卡地平片、盐酸贝那普利片、利伐沙班片4个产品中标，2020年9月有替格瑞洛片等4个中标，中标药品总数达到9个（还有泰嘉），因此会逐渐弥补因药品降价而失去的营收，有希望在2022年重回历史最高

① 一款仿制药，主要用于预防动脉粥样硬化血栓形成。

年营收。专利药快速放量，新产品不断获批，老对手遭受永久性损伤，失去争胜能力，投资者到底是应该悲观还是应该高兴呢？市场是反人性的，我对此一点也不奇怪。

第三，医药、医疗的性质改变了吗？

医药、医疗是人类文明演进的重要内容，该领域是人类最聪敏大脑汇集的地方，也深受资金的关注。长期看人类经历了农业文明和工业革命、信息技术革命，下一场革命一定会在生命科学领域发生。我国人均 GDP 已经达到 1 万美元，加上老龄化社会的到来，必然出现海量的医疗、医药需求。同时，专利制度更加完善，保证研究成果转化为资产，可以积累、应用、转让、抵押、继承，比厂房、土地资产的效率更高，更符合未来财富续存的特点，将吸引更多资源投入这个领域。优秀的医药企业会借助研发的成功而拥有大量知识产权，从而建立非常宽阔的“护城河”，是理想的投资标的。

09

赛诺菲退出、安进突进，中国创新药企准备怎么玩？

2019 年 12 月 15 日

2019 年底，医药行业爆出了两条大消息，一是赛诺菲新掌门人 Paul Hudson 宣布了其执政纲领，主要战略变更并退出糖尿病、心血管疾病治疗的研发，因此将节省约 22 亿欧元的研发开支；二是安进退出中枢神经药物的研发并与百济神州签订了 27 亿美元的合作协议，共同开发抗肿瘤药物。我认为这是药品研发领域的标志性事件，透露以下四个方面重要信息：

第一，现行慢性病标准疗法难以被超越，研发出同时在疗效、安全性和商业前景上超过现有药物的技术难度非常大，收益风险比不高。典型的如高血压常用药代文（缬沙坦），已经能很好地控制病情，口服剂依从性非常高，似乎没有改进的必要。代文 1996 年已经在欧洲上市，早已过了专利期，至少有十几个厂家仿制，最便宜的一颗药低到几分钱。目前临床常用的高血压药有 5 类十几种，其中多款经典品种已经能有效地控制病情，并且具有优良经济性状。据《柳叶刀》报告显示，2019 年全球高血压患者有 12. 5 亿人，2017 年前后以高血压和心衰为适应症的专利药诺欣妥在日本、中国上市，在此之前，至少 20 年没有出现重磅品种。

第二，目前慢性病一线用药基本上过了专利期，仿制药集采过后价格低于安慰剂，而慢性病新药研发的三期临床一直要求大样本，动辄上万病例，研发投入已经不符合药品经济学原则。而癌症、自身免疫系统方面药物的研发，如果首创药二期单臂试验①可以获批，即使做三期临床也只需要做几十例，最多几百例，成本低、效率高，因此得到资本的青睐。

第三，支付环境可能改变。美国是新药研发的天堂，任何有竞争力的企业都想到美国分一杯羹，因为美国的药价一般是别的国家的 10 倍还多。而目前，药品价格高这一社会问题已经成为众矢之的，美国近几届政府都把控制药价作为执政的一大目标，对企业而言是一把悬空之剑。

第四，中国创新药公司研发水平得到国际认可，我国市场被国际资本重视。

在医药研发领域，国内到目前为止基本没有出现真正过硬的首创药品（first-in-class）（也许有青蒿素等极少数几个），所谓创新药只是借用别人发现的分子、靶点、作用机理进行的修修改改而已，在制药领域我们和国外的差距大于芯片、通信、航天等。国家医疗保障局成立后，积极推进新药谈判、仿制药集采，促进行业形成新生态。在这个大背景下，大部分企业的出路在哪里呢？

---

① 即单组临床试验，就是仅有一个组的研究，没有为试验组设计相对应的对照。

我认为，在此大背景下，医药企业可以在以下三个方面着力。

第一，利用好全球最大市场。市场规模的大小与经济体人口的数量相关联，与经济总量相匹配，因此我们推断：中国医药和医疗服务市场在不久的将来会成为全球最大市场。面对最大的市场将是中国药品生产企业最大的基本面，也是保证其健康发展的长期利好。企业要抓紧转型机遇，向创新转型，建立永续经营的根基。中国有 2.5 亿高血压患者，有 1.1 亿糖尿病患者，其中还有较大比例未用药人群，这里有海量的需求，蕴藏巨大的商机。

第二，做好吸收和消化。差距也是优势，经济学中有后发优势①这一理论，改革开放 40 年取得的辉煌成就也是后发优势发挥作用的体现。医药企业要安排好节奏，到哪个阶段干什么事，不要超出实力和能力做事，也不要不做事。

第三，擒贼先擒王。不到美国做临床争市场就不能叫创新药企。被 FDA 批准的药，其他十几个国家都会准许上市，因此全球市场、技术的制高点在美国。我们看到，大批的留学人员回国创业，越来越多的企业申报国际多中心临床、中美双报，已经有创新药品在美国上市销售，这些进展是以前想都不敢想的。

---

① 指相对于行业的先进入企业，后进入者由于较晚进入行业而获得的先进入企业不具有的竞争优势，通过观察先进入者的行动及效果来减少自身面临的不确定性而采取相应行动，获得更多的市场份额。

10
集采、谈判后，医保局的角色转变成超级“医药代表”[1]

2019 年 12 月 22 日

2019 年 12 月 18 日，国家医保局、国家卫生健康委发布《关于做好 2019 年国家医保谈判药品落地工作的通知》，要求将 97 个谈判药品在省级药品集中采购平台直接挂网，并及时组织医疗机构和药品生产企业签订协议。不得以医保总额控制、医疗机构用药目录数量限制、药占比等为由影响谈判药品配备、使用。各定点医疗机构要根据目录调入、调出药品情况，及时召开专门的药事管理会议，对本医疗机构用药目录进行调整和优化。

一种药品从先导分子发现，靶点、机理的确定和验证，到完成三期临床试验和药品注册，再到组织销售团队推动进院和学术推广，实现商业目标，这个过程最短要五六年，一般要 10 年，十几年的也常见。以临床开始为基点计算，失败的超过 90%，其中三期开始失败的占 10%，三期临床完成后不能得到批准的也是常见现象。药品销售有

① 本文数据做了相应更新。

三难，分别是挂网、进院和替代。实现医保基金平衡是国家医疗保障局（简称“医保局”）的主要职能，除此之外，它肩负另一个重要使命，即通过战略性购买树立新的社会价值导向，不仅是买当下的“值与不值”，还要买未来中国医疗的“强与不强”。集采、谈判以后，医保局就转变了身份，它现在是一个超级“医药代表”，推的是全部目录品种。

医药有很强的消费品属性，与茅台酒等快消产品不同的是，药品的消费不由消费者决定，而是由医生做主，因此医院通过医生这一群体，可以构建一种形式上的垄断。医保局博弈的终极对象实际是医院而非药企，它们才是势均力敌的对手。医院利益的背后是医生利益，医生虽然接受教育的程度较高，但在自身利益和社会责任、道德约束的矛盾面前，从经济人的视角，大概率会选择前者。亚当·斯密在《国富论》中指出：我们享受面包师、酿酒师、皮革商提供的便利，不是因为他们道德高尚，而是利用了他们的私利。与私利相比，医保局则更加具有积极的意义，代表进步的力量，能体现中国特色社会主义的优势。

从2018年8月“4+7”[①]城市仿制药集中采购以来，到2021年9月，全国性药品集中采购已经进行了5轮。另外2020年9月的高价值医用耗材冠脉支架集中带量采购、2021年9月的骨科人工关节的带量采购，接下来还要进行的胰岛素、中成药和生物类似药的全国性集中采购，还有每年对新上市专利药和已经进入医保目录但达到2年期限

---

① “4+7”药品集中采购是由国家医保局、国家卫健委、国家药监局等部门组织的，以北京、上海、天津、重庆（4个直辖市）和沈阳、大连、厦门、广州、深圳、成都、西安（7个副省级城市），共11个试点城市的公立医疗机构为集中采购主体，组成采购联盟，并委托上海市医药集中招标采购事务管理所及其阳光采购平台进行带量议价的工作。

的专利药开展谈判，这些措施显著降低了医保负担，基本消除了药品销售中存在多年的“带金销售”顽疾，改变了行业生态，促进了创新热潮的形成。自主研发的专利药虽然价格有所降低，但销售额反而获得更快增长，如信立泰的阿利沙坦酯片，在没有进医保前年销售额只有几百万元，2017 年降价 31% 进医保后快速放量，2020 年销售额达 4 亿元以上。2019 年该药进行了第二次医保谈判，价格再降 14%，因为谈判政策的扶持，药品进入医院的速度加快，到 2021 年 6 月已经进入 4000 家医院销售，估计全年销售额可以达到 12 亿元。2021 年 11 月阿利沙坦酯片要进行第 3 次医保谈判，估计价格会再降 20% 左右，但企业和股东对此持乐观态度。该药的专利期到 2028 年，估计的销售峰值在 30 亿元以上。

11
资本驱动下的医药研发新动向

2020 年 9 月 29 日

2019 年是创新药（械）投资资本浮出水面的一年，让我们看到了它隐藏在水面之下的庞大身躯。全年共有 21 家和 18 家医药企业分别在 A 股和港股上市，这看起来是两个市场顺应形势，放低姿态，营造更加宽松的市场环境的努力取得了成效，实际上是涌动的资本把医药创新推到聚光灯下，引起社会各方的广泛关注。这一年，百济神州发起了第 8 次融资，将一个年亏损超过 10 亿美元企业的融资总额的历史纪录推高到 70 亿美元以上。到这一年，高瓴资本在国内医药创新赛道的布局超过 1200 亿元人民币，对百济神州更是全程陪跑，砸下约 20 亿美元。

下半年，凯雷投资集团收购信立泰 5% 的股份，对价 17 亿人民币，是大型国际私募股权基金对国内慢性病赛道新的投资案例，在众多对肿瘤和自身免疫疾病相关治疗的生物科技公司（BIOTECH 公司）进行的投资中格外醒目。这一年，信达生物完成了 23 亿港元的增发，第二年与罗氏签订总金额 19. 6 亿美元的权益出售协议。种种迹象表明，创新药的“寒武纪”时代即将来临（张磊）。

恒瑞医药、中国生物制药、石药集团、翰森制药等是典型的内生驱动公司，它们是昔日内地医药市场的霸主，现在遇到了“新物种”的强力挑战。以恒瑞医药为代表的企业现金流充沛，其创新计划依据技术能力、商业价值和自身现金流状况而制订，技术路线以快速跟随（fast-follow）和许可引进（license-in）为主，尽量提高成药概率、缩短研发时间，再以强大的销售网络抢占市场份额。资本驱动的创新则像天外来客，打法完全不同，但并不缺少成功案例。它们一般的做法是用很短时间，将业界牛人、高素质团队与资本结合，从同类第一个（first-in-class）、同类最优（best-in-class）切入，很多公司研发药品的临床进度在全球列前 3，凭空在最前沿立足并不断扩大战果，实现模仿、跟随到领先的跨越。在这两种模式的比较中，我更倾向于后者，因为它符合创新的本质和特点，适合国内经济和企业现状，极大提高了创新的效率，对满足患者需求切实有效，并且在上一轮的互联网创新中，资本驱动的形式已经获得成功。

资本的涌入给行业带来了深刻的变化，一是显著提升技术水平。如百济神州的泽布替尼、替雷利珠单抗等获得 FDA 批准上市，获得传统创新不敢奢望的快速通道、突破性疗法等标签；天境生物、信达生物和百济神州的创新药获得 20 亿美元级别的海外授权收益；一大批中美双报临床试验开展并取得进展（百济神州海外临床试验超过 40 个）；等等，这在仿制药为主的前几年是难以想象的成功。二是提高了创新成本。钱多了东西必然贵，在当下医药领域非常明显，甚至出现一、二级市场倒挂的怪现象。百济神州虽然一年亏 10 亿美元以上，但 2019 年上半年的研发投入已经有 7 亿美元。恒瑞医药、中国生物制药、石药集团、信达生物等年研发投入都超过20亿元，营收占比为20%左右，并且随着更多临床的开展和进度推进，会继续增加。新药研发需要大量的资金支持，在国外更加明显。默沙东为K药[①]增加新适应症竟然开展了1300项试验，大型心血管药的三期临床入组病人动辄超过万人，而且美国临床费用以单个病人计算，一般是国内的3倍以上。

从大西洋底第一条海底光缆的铺设，到20世纪90年代的互联网革命，无处不活跃着资本的身影。不错，资本以利益为目标，但结果是推动了人类的进步和经济的繁荣，带来社会的高效和便利。《国富论》中早有断言，人们利用面包师、裁缝、马车夫的私利满足自己的需求，社会就是这样维持运转，没有高下、善恶之分。

---

① 可瑞达（Keytruda），俗称“K药”，是一种抗癌药。

12
资本新贵不讲武德，散户朋友好自为之

2020 年 11 月 24 日

这几年遵循传统经济学理论的投资人会发现，市场上已经找不到好的投资标的了。盈利能力强、确定性高的股票，如贵州茅台、五粮液之类，市盈率已经到了 50 倍，远远超过了保守投资应该设定的上限。而便宜的股票则到处都是，港股的银行、地产股，具有悠久历史，曾经是投资界的宠儿，现在市净率（PB）低于 1 倍、市盈率（PE）低于 5 倍摆在地摊上卖，依然无人问津。

新资本不看市盈率已经很久了。20 年前，苏宁电器制订了 1500 家店的开店计划，加入家电连锁跑马圈地的竞赛。随着单店的不停拷贝，公司营业额飙升，苏宁的股票因此成为当时最大的黑马，2 年多上涨 30 倍。但是这段时间苏宁的净利润是非常难看的，资本看到的是营收增速，以及因巨大营收而产生的压制供货商商品价格和占用其现金的能力。10 年前，资本的兴趣转移到互联网电商平台，高瓴资本、老虎基金、今日资本等基金支持京东与家电霸主苏宁打“价格战”，声称我们的优势就是有钱，跟它打到底！这一次资本新贵看重的是注册用户、日活跃用户等指标，是互联网的聚集效应和人们在便利和便宜的引诱下改变消费习惯从而产生的获得巨大利益的可能。

现在，一场新的资本大戏又敲锣开场了，这次同样不是看盈利。这场戏在新药研发领域上演，资本给市场准备的概念是研发驱动、管线价值①。资本用金钱告诉市场，对新药创新企业来说，净利润、营收、成本、亏损额都不重要，企业价值全部在于研发管线的商业化前景。为了树标杆，他们制造了百济“怪兽”，一个梦幻的企业个体（前文已经详述）。

怀揣着居家过日子的钱，为柴米油盐而来的升斗小民，在这个充满血腥的市场何以自处，何以自保呢？这确实是一大难题，我为此担忧。

---

① 管线通常指新药研发公司的产品线，比如某个正在研发的药物A，其从研发到上市是有一个过程的，简单来说这个过程就是研发管线。管线价值指该药品上市后的商业价值。

13

被漏记的重要资产：专利，投资医药的秘密

2020年7月5日

2019年8月26日，新修订的《中华人民共和国药品管理法》由第十三届全国人民代表大会常务委员会第十二次会议通过，特别增设第三章“药品上市许可持有人”，用独立的一整章来规定药品上市许可持有人制度。2020年7月4日，国务院新闻办举行新闻发布会，银保监会副主席周亮、梁涛，首席风险官、新闻发言人肖远企，首席检查官杨丽平介绍推进金融供给侧结构性改革的措施和成效。其中提到“将要求商业银行对知识产权质押贷款单列信贷计划，加大对知识产权质押融资支持”，表明药品专利具备了资产所有属性，在投资过程中应该重新加以评估。

复式记账法是一项伟大的发明，它使一个商业体某一时刻的价值可以通过数字完全展示，并使记录、传播成为可能，由此奠定了现代商业的基础。但是不管记账法通过了多少聪明人的研究和完善，仍然不能全部反映商业个体的所有特性和价值，因为商业是流动的、时刻变化的、非常复杂的，做到相似已经不太容易。新药专利就是一项被

漏记的重要资产，投资医药行业的秘密集中于此。

企业购买一块地，可以通过“无形资产”科目入账，地上建筑物建成后转为固定资产，成为净资产的一部分，公司可以用以抵押、变现。根据现行法律，企业和个人通过交易获得的是土地使用权，非永久产权，但这依然不妨碍其成为经济活动中最好的抵押物，而新药的投入大部分作为费用核销，即使研发成功，核销的费用并不能转为资产，不能用于抵押、变现。但如果把土地房屋和新药相比较，新药的资产优势更加明显，商业价值也高得多。从获利看，新药的毛利一般在80%以上，很多时候超过90%，净利率50%左右，盈利能力超过绝大多数资产。很多医药公司的发展都是从一味药的生产销售开始，最后成为上千亿市值的大公司。在证券市场，拥有一个创新药的公司，其市值一般会超过100亿元，而在国际市场，权益售价超过100亿美元也很常见。而在财务报表中，没有新药作为资产的相关记录，在经济活动中新药不能抵押，也就失去了资产的部分属性，这是很不合理的。

14

系统的底漏了，一切将变得毫无意义[①]

2021年7月12日

关于相对论的3篇论文发表之前，牛顿经典力学无疑是真理，是上帝的杰作，无人怀疑。爱因斯坦在真理之上建立了新的真理，是从改变评估系统开始的。

崇祯皇帝登基后面临内忧外患的烂摊子，对外要阻击清军攻击，而内部李自成、张献忠、罗汝才等声势日隆。为了应付迅猛增长的军费开支，后期的崇祯朝廷频繁加税，走上了一条不归路。回看历史人们发现，前几次加税，充盈国库的效果很明显，但最后的几次，当税收标准超过一个临界点后，实收反而下降了，有的地区甚至绝收，这就是典型的“系统的底漏了”，所有的评估要重来的例子。当一个家庭的财产全部被征收，每个劳动者一年劳作所获的总和低于税负时，这个农民该怎样规划自己的未来？追随闯王或举家迁徙是最合理的，因为在原有的体系里不管你多么努力和精于计算也无法生存。这样一

① 本文收入本书做了数据更新。

来，当地就少了一个征收对象。

2021 年 8 月 27 日，一家生产心血管器械和药品的重要公司发布了中期报告，营收 62 亿元、净利润 17 亿元，同比增长都超过 50%，我又一次被它震懵了。这家公司 2018 年年报就预测之后的 5 年能保持年化 30% 以上的业绩增长，之前有报表可查证的业绩就已经保持了 4 年这样的增长。按照它下半年好于上半年的业务特性，2021 年达到 40 亿元的净利润没有什么悬念了，而恒瑞医药 2020 年的净利润是 59 亿元，这家公司大有赶超恒瑞医药之势头。2018 年这家公司的净利润还低于信立泰，2021 年信立泰的营收大概只有 30 亿元，应该只相当于它净利润的 70%。都在同一个锅里吃饭，都遇到了仿制药和支架集中采购以及“两票制”等政策变化，结果为何相差这么大呢？

这样一家高速发展的公司，应该得到全市场包括监管机构的赞许，遗憾的是监管机构退回了其增发申请，并结合发行可转债连续 4 次问询和关注。股价也不配合，从 2020 年 7 月的 46 元到 2021 年 9 月的 25 元，一年跌了近 50%，已经具备爆雷的迹象了。

补充说明：2021 年 10 月 28 日，这家公司公布了季度报告，当期营收和净利润双降，其中净利润同比下降 78%。第二天股价大跌 15%，跌破了 21 元。

15

MSCI 建仓与张三丰教太极玩的是同一个内功心法

2019 年 8 月 9 日

2017 年 6 月 20 日，美国明晟公司（MSCI）宣布将中国 A 股纳入 MSCI 新兴市场指数，引起市场广泛关注。这个公司编制的一个指数要将 A 股上百家个股纳入跟踪范围，因此相关基金要在确定的时间买入一揽子股票。让人吃惊的是，MSCI 的建仓计划完全是公开的。他们的做派让很多股民感到不可思议。股民一般觉得不管什么规模的资金，什么时候买卖股票、买卖哪一只股，应该是高度机密，因为先知道的人加以利用，可以不冒风险赚钱，很多人就是因为利用类似的信息而坐牢。MSCI 是傻子吗？他们为什么要这样做呢？

这让我想起金庸老先生创造的江湖中一个精彩片段：正邪两派决战的现场，主将张三丰被偷袭失去了再战的能力，眼看将要遭到灭门之灾。为了尽快培养出一个绝世高手，老人家要现场传授太极拳给徒孙张无忌。武林绝学历来是秘不示人的，当着敌人的面公开传授是天方夜谭。张三丰在众人面前打了一趟太极，问张无忌：忘掉了吗？张无忌回答：全忘了。现场人一头雾水，实际上神功传承已经完成，天下第一的武当新掌门已经横空出世。

MSCI的公开买卖操作告诉我们一个道理：股价的短期波动对长期收益的影响微不足道，投资制胜的关键是持有公司的质地和前景。如果你的认知和修为没达到，即使告诉你秘籍你也拿不走，学不会！

16
从锦州银行看银行“雷”的规律

2019年8月3日

这两年市场最出名的“雷”当属康美和康得新，造假规模都超过百亿元。对于这个水平的造假，投资人通过财报还是可以看出蛛丝马迹的，因为人为调整的痕迹明显——净利润持续高增长但经营性现金流和营业收入不给力，账上有超过百亿元现金长期不动用却每年巨额借贷，不断在市场融资。与这二位比起来，锦州银行爆的“雷”是无影无踪的飞弹，即便股市老兵一样会被炸得血肉横飞，这不免让人对于通过财报来分析银行产生怀疑。

2019年4月1日，锦州银行发布公告称，由于需要额外时间提供核数师所需资料，该集团2018年的年度业绩将会迟延发布。5月31日，安永华明会计师事务所及安永会计师事务所向锦州银行辞任核数师一职。7月28日，锦州银行发布公告称，在地方政府和金融监管部门的支持及指导下，已向工银金融资产投资有限公司（下称“工银投资”）、信达投资有限公司（下称“信达投资”）及中国长城资产管理股份有限公司转让其持有的部分该行内资股。8月2日锦州银行公告关键岗位管理层人员变动信息，工商银行辽宁分行副行长、党委委员郭文峰拟出任锦州银行行长。在停牌之前一切是正常的，2018 年半年报显示，截至 2018 年 6 月末，锦州银行资产 7483.92 亿元；净利润 43.4 亿元，同比增长 7.7%；发放贷款和垫款净额 2406.09 亿元，较 2017 年末增长 15.1%；存款余额为 3516.27 亿元，较 2017 年末增长 2.7%；不良资产率为 1.26%。

锦州银行的倒掉也许能够说明三地资本市场为什么给银行的估值只有 0.5 倍 PB 甚至更低。银行不到开不了门的那一刻都可以保持有钱、赚大钱的“白富美”形象，然而，它真实的情况只有几个内部人知道，外人想通过看报表看出端倪，就太小看管理层的专业水平了。此后，我对银行的态度是敬而远之，连最好的招商银行也抛了，并且决定以后不再买入任何一只银行股。

经济若在下行轨道运行，投资银行就像走进了“地雷阵”，此处不挨炸自有挨炸处，我不相信投资者可以安全地蹚过雷区。

股市有能识别的和不能识别的两种公司，对不能识别的就不要花精力了，放弃是最好的策略。

17
白酒牛市的秘密

2020 年 6 月 15 日

股市的机会可以分为两种，一种是能改善生活的，如中了一只新股，抓住一个涨停，吃到一个波段等，获利后即便低调的人也会放飞一次自我，满足自己或家人一个或几个不怎么奢侈的小愿望。另一种是由此改变命运的。1992 年中国股市开埠以来，能算得上改变命运并且受众广泛的机会大约有以下几个：原始股和股权认购证、法人股、B 股牛市、新股存单申购，以及近几年出现的二级市场的蓝筹股行情。在蓝筹股行情中白酒成为最耀眼的明星，值得投资人认真复盘研究。

我见过很多种行情，有的靠消息驱动，有的由行业利好带来，更多的是资金面、政策面改善触发，而此轮白酒行情有不同的特征。首先，上涨的时间够长。从 2015 年底算起到 2020 年底，历经 5 年；如果从贵州茅台上市算，差不多 18 年，而且好像行情还没有走完。市场上演过各种概念炒作，如互联网、高科技、国企改革、兼并重组、全流通、新能源、电动车、新医药等，让人数不过来，但能够持续上涨的不多见，板块整体涨 5 年的，在我的印象中仅此一次。其次，涨幅够大。贵州茅台上市后涨了200倍，五粮液也有50倍。2015年6月到2019年12月，中证白酒指数上涨3倍左右，同期上证指数下跌约10%。另据雪球网友@归隐林地统计，2010年6月至2020年6月，酿酒板块上涨4.43倍，在所有板块中名列第一。最后，白酒板块共22只股票，总市值超过了4.5万亿元，参与的投资者比较多，因此受惠人也比较多。很多人因投资贵州茅台而得以改变人生，他们的事迹和经验又反过来影响更多的投资者，促使他们更加坚定地走价值投资之路。

回到主题，我们研究白酒牛市，目的是在今后相似的机会出现时能及时把握住，赚得够多。下面分两个问题来探讨。

第一个问题：白酒牛市产生的背景和条件是什么？我归纳为一个低谷+三个趋势叠加。2012年底发生了著名的塑化剂事件，加上反腐深入，公务消费大幅度减少，又正好赶上前期大规模投入的产能集中释放，白酒行业从高景气直接进入冰冻期，市场砸出一个“黄金坑”。2016年白酒产量达到1358.4万千升，达到了历史峰值；而零售价，以茅台为例，2015年底只有900元，并且在苏果、永辉、麦德龙等超市可以随意购买。再看三个趋势叠加。一是中等富裕群体壮大趋势。2008年国际金融危机以来，我国经济虽然受到影响但发展一直向前没有停止，到2019年已有14个城市人均GDP超过2万美元，其中最高的深圳接近3万美元。另一个因素是2015年后，一、二线城市房价不断上涨，快速放大了家庭资产，形成了一定规模的高档商品消费群体，这在历史上是首次出现。二是白酒行业的头部集中趋势。2017年，白酒规模以上企业有1593家，至2019年减少至1176家，2020年减少至1040家。2019年前50家利润合计1400亿元，占据了全行业7300多家企业的绝大部分。[①] 三是股市环境改善的趋势。我刚入市的时候股市炒概念成风，到股权分置改革前市场平均市盈率还超过60倍，当时看业绩买股票就是傻子的代名词。2015年以后，股市出现了蓝筹股行情，彻底改变了股市主流投资逻辑，深刻影响股市生态。贵州茅台、五粮液等白酒股是这场意义深远行情的中坚力量，贵州茅台具有旗手的地位。

第二个问题：如果看到板块的行情要来，买什么是最好的选择？事后来看，这个问题的答案很清楚——买龙头，既能获得超出平均水平的收益，又能在判断失误的情况下承担最小的风险。如贵州茅台，行情启动以来最多涨了近10倍，五粮液5倍左右，而行业平均水平才3倍，洋河基本没涨，金种子还是下跌的。赢家通吃在充分竞争行业表现得更加明显。白酒是卖品牌的生意，强势品牌一旦确立，周围就会“寸草不生”。巴菲特对这一现象的解释是：人们不会因为便宜把不喜欢的东西送到嘴里。

① 数据来源于国家统计局网站。

18

从中国移动与腾讯控股的比较中看市场偏好

2021年1月31日

中国移动与腾讯控股，一个是基础网络运营商，一个以网络应用为主营业务。将它们放在一起比较，是否类似于关公战秦琼的闹剧呢？对此我一点也不担心。通常来说，给商业个体出价，主要看现时盈利状况和未来盈利预期，而商业模式、行业特点、经营者贤能程度等，虽然重要，也只能作为次要的参考因素。另一个原因，中国移动与腾讯控股的主营业务都是围绕移动互联网展开，它们之间的差距绝对小于人与类人猿的差距。

当地时间2020年11月12日，美国出台一项禁令，禁止美国投资者对中国31个企业的证券进行交易，其中包括中国移动。中国移动股价出现大幅波动，引起我的关注。我先后做了三个来回，持仓成本降到40.5港元/股。按照2019年两次分红合计3.25港元/股计算，即使扣除港股通红筹股应缴的10%和20%两次税，到手年红利收益率仍达到5.8%，因此我一点也不担心。

通过对比中国移动与腾讯控股，我认为，中国移动的营收和利润在未来几年应该平稳而有增长，红利政策不会有明显改变，因此这笔小投资亏损的可能性非常小。两家公司的具体对比分析如下：

用户数：都是9亿以上，在全球范围，中国移动在运营商中排第一，而腾讯控股不是第一。

年营收：中国移动7000亿元，腾讯3500亿元。

年净利润：两者相仿，都是1000亿元左右。中国移动账上有4000亿元现金。

市值：中国移动1万亿港元，腾讯控股6.5万亿港元[①]（2021年3月数据）。

市净率（PB）：中国移动0.75倍，腾讯控股9.5倍。

市场给腾讯10倍于中国移动的估值，是本该如此还是市场先生不理智的行为造成的？我对此持怀疑态度。如果在未来的一到两年内现有估值标准瓦解，我的这笔小投资就会获得超额回报，否则安心吃股息也不差。从竞争角度来看，如果排除所有外界干扰，让中国移动和腾讯控股来一场自由搏击，谁是先倒下的那一个？

① 写这篇文章后几个月，市场出现了深度调整，2021年9月初，腾讯市值为4.95万亿港元。

19

回看中国石油上市[①]

2020 年 3 月 1 日

我不是中国石油的股东，至今也没动过买它的念头，但是中国石油已经成为 A 股市场出名的“剧本”之一，每个市场参与者都无法回避。作为一名积极的投资者，我们应该记住它、剖析它。

2007 年 12 月中国石油在 A 股上市，当天股价最高到 48.62 元，对应市值约 8.8 万亿元，2021 年 2 月 5 日港股收盘价 2.22 港元，对应市值 0.4 万亿港元左右，市值缩水 96%。中国石油最热时，股东超过 200 万人，现在只有 50 多万，留下的应该都是已经割不动的“死铁粉”吧。“问君能有几多愁，恰是满仓中石油”，这句民间打油诗透露多少小股东的辛酸啊！

我们回看这出闹剧，还是有些特别的感受。中国石油上市全过程应该没有任何造假，甚至没有欺骗，参与各方不能说都是基于规则和良心行事，但也不存在明显的主观恶意，只是在做决定时他们用私心

① 本文数据做了相应更新。

替换了良心，在规则范围偏向自身利益而有意淡化公平、正义。大股东想把发行价定高点，这样就显出管理层的工作有成效，增加继续升迁的可能性；承销商也认可定价高一点，因为要确保将这份大单拿到手，并且不违反法律、规则，不承担任何责任。各方都只顾着赚自己的那一份，却没有人来思考这一行为对整个 A 股系统和平台的损害，也没有人主动考虑将有多少小股东要承受其自身承受不起的损失。

中国石油选择了一个上市好时机，2007 年国际油价处于景气高点，伦敦布伦特原油期货价格最高达到 123 美元一桶。要知道 2021 年 9 月，全球主要经济体执行货币宽松政策后该价格也只有 70 美元左右。除此之外，中国石油还获得了 A 股的最强概念：巴菲特持股。到目前为止，A 股和港股市场与“股神”搭上关系的只有两只股票。巴菲特在约 1.6 港元买入 23 亿股，在 13 港元左右抛出，7 年赚了约 40 亿美元。

航空公司对乘客进行管理时有个词叫配载，安排座位时要考虑两边的重量平衡，人群一窝蜂涌到一边是非常危险的。证券市场没有配载机制，人性喜聚不喜散，所以类似中国石油的悲剧重复上演，是无法避免的，类似的事件会改头换面继续发生。认识到这一点，你就离成为一名成熟投资者更近了一步。

公司篇

信立泰

我从2017年开始关注并买入信立泰，到本书完稿时持续跟踪4年时间，信立泰已经成为我除贵州茅台之外的第二大持仓股票，占持仓总市值的25%左右。投资信立泰的过程复杂曲折，充满艰辛，之所以没有放弃，是因为投资逻辑、企业禀赋、行业前景从长期来看都没有变化。另外，我对大股东叶家始终保持敬意和好感，这种感情在我以前的投资经历中不多见。信立泰的当家产品泰嘉在仿制药集中采购中遭遇重创，价格下降50%以上，销售额从2019年的30多亿元降到2021年的10亿元左右。2020年泰嘉在全国联盟地区集中采购中没有中标，2018年花费4亿元收购的Alpha支架在全国集采中也丢标，企业一度处于危险境地。不利信息在股价上得到迅速而夸张的体现，信立泰从最高点43.81元用近2年时间跌到最低16.28元，跌幅约63%。我在下跌过程中持续买入，目前的持有量是第一次买入时的13倍。这4年是信立泰的痛苦转型期，也是我进入证券市场以来经受的残酷考验之一。以下几篇文章是我跟踪、研究、坚守信立泰过程的真实记录，从中可以看到企业的彷徨、探索和当家人决策的果断和坚定，以及小股东的质疑、痛苦和思考。在本书完稿之前，信立泰股价已经稳定在我的成本价之上。新的旅程刚刚开始，它面前是国际化和创新的星辰大海。

20

鹏城春来早，无处不飞花

——信立泰 2018 年股东大会纪要

2019 年 4 月 4 日

深圳是“春天的故事”开始的地方。在这个美丽的春天，我又一次来到这里参加信立泰股东大会，收获颇多，感受深刻。

本次股东大会在深南大道上的公司总部召开，创始人叶澄海董事长、CEO 叶宇翔和其他董事到会，来自全国各地的投资者 40 多人参与。会议时间约 2 小时，会后自由交流不少于 2 小时。董事长、CEO、颜副总、杨董秘全程参与会议和会后交流。业绩报告后，投资者提了 13 个问题，内容丰富，但有些重复，因此我按照内容做了分类，共有如下 6 方面。

第一，公司战略方面。**公司的目标是：**研制高质量的具有临床价值的药品，满足临床需求，中长期以创新驱动发展，中短期仍然要强化仿制药的竞争力，占领更多的市场份额。关于仿制药，本次股东大会提到的新观点有：仿制药的竞争是整个体系的竞争，包括一致性评价、原料、中间体、生产和供应链，进入门槛也是很高的。**公司的研发策略是：**在最擅长的领域深耕，对竞争过度的领域如肿瘤则持谨慎态度。在研发方面，本次股东大会提到的新观点有：选项目注重协同和互补，以获得1加1大于2的效果。如花4亿元引进Alpha支架，是为了在使用场景产生药械协同效应，促进系统营销。泰嘉、泰仪、泰嘉宁都是抗凝（血小板凝集）药品，分别适用于支架手术术前、术中和术后，或偏向于冠心病，都是在心血管科使用。公司有了支架自主品牌产品后，可以增加产品使用频次，提供整体治疗方案。

第二，“4+7”集采方面。**公司的目标是：**替代波立维，而非与国内友商竞争。2018年氯吡格雷全国总销量约130亿元，是药品领域销量第一的品种，其中原研药波立维市场占比超过50%，信立泰的泰嘉约占26%，乐普药业的产品约占10%。“4+7”集采是第一次全国性药品集中采购，是医药行业深度改革的重要措施，中央和地方政府十分重视。泰嘉是广东省唯一中标品种，会得到相应的政策支持。集采的结果3月20日才开始执行，但在销售上已经有所体现，执行了十几天，增量非常明显。要到二季度末最终的整体影响才能比较确定，从目前势头看，泰嘉用量增幅可能超过60%。在“4+7”集采前，泰嘉在广东、福建没有销量，按照中标规则，获得了大量市场份额，对公司来说是纯增量。原研药波立维只有75mg规格，以前公司此规格的产品销量不多，中标后这个规格的泰嘉可能有非常大的销售增长。为什么集采泰嘉敢降价52%？一个重要原因是公司的替格瑞洛（泰仪）已经作为首仿药上市，是在挑战阿斯利康专利成功后获批上市。泰仪是新一代抗凝药，可以部分替代泰嘉，达到此消彼长的结果。

第三，研发进展方面。研发有两个关键词，技术和管理，企业都要做好才能在残酷的竞争中胜出。公司重视研发人才的引进和培养，近期从辉瑞、默克、阿斯利康等引进一批中高层人才。未来2到3年是公司创新的小高峰，会有约30个药获批，到2026年会有3～6个创新药出来。信立坦（阿利沙坦酯片）已经成为降血压唯一的国产创新药，随着集采范围扩大，其优势将更加明显。为了丰富数据支撑，几千例的四期临床已经开始。S086（抗心衰一类新药）一期临床马上结束，二期将很快开始，增加了降血压适应症，预计在2021年进行新药注册申请，专利期到2036年，上线后将与信立坦形成组合。6月或7月，信立泰的马里兰研究院会向FDA申报一款临床新药，编号为JK07。

在美国新药创新都是分工明确的，信立泰的创新也会借鉴美国模式。特立帕肽①现场检查后，还要经过中国食品药品检定研究院的审核，要到三季度才会上线。骨质疏松治疗领域，国外病例数量很大，国内不大，主要由人口年龄特点决定。随着老龄化社会的推进，这一市场规模就会扩大。除了骨质疏松，高脂血症问题也将在老龄化社会凸显，信立泰同样看好这块市场，2021年后每年会上一个降脂新产品。匹伐他汀钙片将实现弯道超车，以首仿药的身份面世，是其在降脂治疗领域的重要布局，有利于信立坦等的价格维护。而对肿瘤这一领域，公司则比较谨慎，投资只是试水式的。目前，全球一半的PD－1临床在中国（到2021年9月已经上市6款），总的市场也就约200亿元，已有品种进入医保后，后续的新药就面临风险。非处方药（OTC，可以自行在药店购买），公司建设比较早，当前做得不错，未来这一块也将加大力度。

第四，主要产品方面。2019年营收将增长，净利润能否增长不确

① 主要用于骨质疏松症的治疗。

定。泰嘉的市场份额一定会大幅提高（2020年以后稳定在30%），全年销售额现在难以估计。信立坦2019年销售额将达4亿元，2020年达8亿~10亿元，最高峰可达100亿元。门诊降压药报销政策会加快降压等产品的放量。替格瑞洛[①]在较长时间市场只有两家生产企业，如果进入集采，将会快速放量，市场规模可能达到5亿元。泰加宁（注射用比伐芦定）是心脏介入治疗（PCI）首推抗凝药物，为了支持临床应用，公司销售人员必须跟踪手术全过程。公司收购Alpha支架后可以合并销售，节省资源。

第五，员工持股方面。员工持股到6月就可以在市场流通，员工有信心，认为股价会大幅超过买入价。公司为员工提供了9倍杠杆，即股价涨10%，持股就翻倍。未来还会有第二、三期员工持股，到三季度将会展开相关方案的研究。

第六，并购原则方面。公司并购主要看产品线，不关心当前的市盈率（PE），看重的是几年后的PE。公司基本不会在二级市场买股票赚钱。

通过参加本次股东大会，我有如下三个方面的思考。

第一，敬市场而远之。孔子对鬼神的态度就是我对市场的态度。长期以来，有效市场和无效市场之争一直没有停止。芒格说，“如果市场有效我不会这样富有”，巴菲特提出的“市场先生”更是投资者都熟悉的形象。我认同市场无效理论，将践行价值投资作为终生目标。我敬畏市场，是因为市场具备巨大的破坏力，无知无畏者会遭受巨大的伤害。远离市场是因为人的情绪容易受到市场波动的干扰，从而让

① 用于急性冠脉综合征（不稳定型心绞痛、非ST段抬高心肌梗死或ST段抬高心肌梗死）患者，包括接受药物治疗和经皮冠状动脉介入治疗的患者，降低血栓性心血管事件的发生率。

自己做出错误的决定。

无论从哪个角度看，信立泰都是市场中难得的好企业，上市以来净资产收益率（ROE）始终在20%以上，主要产品毛利率80%以上，负债率低于20%，分红慷慨，管理层富有智慧并且诚信。这样一家企业，年前市场给14倍的PE；而另一家同领域体量差不多的某支架龙头企业，各方面比信立泰差得多，公司管理层的品格存在明显瑕疵，财务状况较差，但市值一度是信立泰的两倍，只能说是市场先生的坏脾气又发作了。我不能预测市场何时回归理性，但我能保证自己是在理性的状态做出的决定。投资最大的乐趣是"虽千万人吾往矣"，结果我是对的。

第二，投资医药企业的逻辑变了吗？"4＋7"集采政策落地以后，市场资金对医药股普遍持谨慎态度，如沪港通北上资金由持2000多万股信立泰在很短时间减至现在的1000万股，减持价格在20～27元。资金流出医药股的理由，最出名的一句话是"集采后医药投资的逻辑变了"，真是这样吗？A股对医药有偏爱的传统，产生了云南白药、恒瑞医药、长春高新等长牛股，在以价值提升促进股价上涨的群体中，唯有医药和白酒最多。医药企业的特别优势可以归纳为：市场无限大、高毛利、高ROE、良好的现金流；药品的专利制度保证了利润可以有效转化为知识资产，知识资产将成为比实物资产更加稀缺的资源，成为资金追逐的目标，成为企业发展的长久动力。"不为良相，当为良医"是中国文人的价值目标，类似地，以满足临床高质量药品需求为己任的医药企业，除了实现经济价值，也负有社会责任，从业者能够在工作的同时满足对精神世界的追求。集采能够改变以上优势吗？中国的市场大部分必定由中国的企业占领，老百姓用药的主导权必会掌握在自己的企业手中，这是任何政策也不可能改变的。

第三，成功的决定性因素是人。深圳由一个小渔村用40年时间发展成GDP超过香港的大都市，成就这个经济奇迹的深层次原因，从深圳人的脸上就可以看得出来。我喜欢到离万豪酒店不远的车公庙地铁站看上班的人流，那就是活生生的深圳面貌、深圳精神。大批的人，全是年轻人，快速而有秩序地走着，除了呼吸和偶尔的咳嗽声，听不到其他声音。我又想起在日本大阪等城市看到的，很多地方街上大多是老年人，他们虽然很精神，但还是缺少了最可贵的东西——生机。

同样的道理，投企业看人就够了。创投红人徐小平说过：我们投资主要看人，不看项目。我深以为然。信立泰人给了我很特别的印象，和善、谦卑、本分、认真，一眼就能看出来。

两个小时的会议结束后，老叶总、小叶总、颜副总、杨董秘等都不辞劳累，继续与小股东交流，有问必答，态度和善，这是非常可贵的。叶家父子身家上百亿元，却如此平实谦虚，让我佩服、感动，从而心生敬意。

21

2018 年是信立泰的创新元年

——再读年报

2019 年 3 月 17 日

2018 年 5 月，我第一次参加信立泰股东大会，其间小叶总说公司的核心竞争力是拥有一支循证医学队伍，当时听完我有点失望，因为我知道，不致力于新药研究的医药企业没有未来。跟踪了企业一年，认真再读年报，我感觉信立泰有了质的变化。

从战略看：公司将创新放在首要位置。年报首先介绍的是公司唯一的创新药信立坦而不是一贯的主导产品泰嘉。2017 年及之前，公司在要不要全力研发方面还在犹豫。2018 年的股东大会上，小叶总至少两次提到恒瑞医药和当家人孙飘扬，对其推崇备至，并提到某玩“财技”的假创新公司。可以确定，2018 年公司已经下决心走创新驱动的道路。

从投入看：公司研发投入占营收 17%，达到了国外创新药企的标准。研发投入总额约 8 亿元，在国内也能进入药企第一方阵。研发投入同比增长 83%，可谓惊人，表现公司在创新方面的决心和态度。2017 年宏观经济出现的困难增多，医药行业也出现波动，为应对大环境，企业正常的举动一般是减少研发投入，储备资金以应对可能出现的困难，但信立泰不踩刹车反而踩油门，展现了要弯道超车的决心。

从管线看：企业已形成了高端化学药、生物医药、医疗器械三条主线，以心血管治疗为核心，向肿瘤、骨科、降糖、抗感染等治疗领域拓展，进行了近期、中远期合理的布局。

从团队看：公司研究人员增加了 50 人左右，其中主要是美国公司、深圳研究院引进高端人才。他们来自辉瑞、阿斯利康、美国国家卫生研究院、梯瓦制药等。

从结果看：我们不能不佩服公司投资团队的眼光。8 亿元买的阿利沙坦酯片，竟然是降血压领域国内唯一的一类新药，进入医保后销售放量，2018 年达到 4 亿元（2021 年预计达到 12 亿元），现在至少值 100 亿元。收购苏州金盟和成都金凯带来的不是简单的几个药而是平台，是一系列新药的储备，生物类似药特立帕肽和被寄予厚望的中美双报的 JK07 就是来自金盟、金凯的技术储备。还有跨国投资获得的创新药 nanatinostat 和瑞士微针球囊权益，都是具有首创性的技术权益，是别人拿钱也买不到的东西。2018 年 1 月出资 1 亿元参与金仕（常熟）生物科技股权投资，12 月该企业研发的新产品上市，获得不错的投资收益是比较确定的事情。本期公司获得国家专利金奖一项，多个品种一致性评价通过。

22

信立泰2019年中报：静水潜流、蕴藏变化

2019年8月27日

看懂财报是入市的第一道门槛，是投资者必备的基本功。同一份财报，有人读后兴奋，有人读后沮丧；有人要加仓，有人要卖出，都是认知不同引发的行为差异。目前市场上资金来源混杂，包括专业投资机构在内，大部分投资者是不看公司定期报告的，即使看也仅仅看营收和利润增幅，单纯以营收和净利润增幅来判断公司的好坏。不管你入市多少年，也不管你投入了多少资金，如果你是这样判断和决策的，那么你都只是还在投资殿堂的门外站着，如以下围棋来类比，顶多就是业余5级水平，这样下到老也难以入段。

投资者水平高也是信立泰投资群体的一个特点，前段时间信立泰小股东的研究获得雪球社区唯一的“股东大会最专业奖”，其中也有笔者的贡献。下面，我从“变化”这一角度谈谈对这期中报的看法。

第一，报告结构变化。

一般而言，中报比年报要求低，不需要经过审计，可以只列资产负债表、利润表和现金流量表三张表格加以简略的文字说明，而这份

中报共174页，完全是年报的体量，这本身就是重要信息。中报分段详细描述了企业的“核心优势”，在上一年的年报中，这部分内容就是简短的一句话。中报第一次描述了“科学委员会”，信立泰在对外项目投资和临床项目确定方面常出妙手（如前一篇文章所述），靠的就是这个秘密武器。“科学委员会”为立项论证提供科学评估、技术支持27项，有效降低技术风险。中报还重点描述了生产、研发、销售环节等。信立泰的风格是埋头做事、衔枚疾走，公司一直努力树立优质企业的形象，定期报告结构的变化算迈出了坚实的第一步。我在今年股东大会后给老叶总提建议：友商的过度宣传也会转化为它们的竞争优势，希望公司加以重视。看来这一建议被采纳了。

第二，经营活动产生的现金流量净额变化。

我做投资更加重视现金流量表。2019年中报显示：净现金流827142258.18元，增长45%，与营收和利润下降相反。估计主要由以下两个因素造成，一是氯吡格雷集采履约良好，医院按照医保局要求预先支付定金，货款支付周期缩短，支付条件改善；二是除泰嘉之外的产品销售良好。

第三，股东变化。

人大基金持有350万股，几年未有变化，继续向公司投出信任票；港股通则抛出约1000万股，还有将近1%持股；新进一个个人投资者，一口气加到350万股，在信立泰“走麦城”的现在尤其显眼，令人刮目相看；基金基本走光了，这应该算利好，信立泰成为名副其实的散户概念股。

第四，继续加大研发投入

上半年公司研发投入3.2亿元，增长27%，占营业额的13.5%，继续保持加强研发的惯性，没有受到集采导致利润下降的影响。对于药企来说，创新的大门不久就要关闭，没有跑出来的企业命运一定很悲惨。从年报和中报看，信立泰的决策人看清了趋势，也下定了转型的决心。这几年信立泰就像一个运动健将，突然掉入深坑，没有等人来救，而是自己奋力向上爬。到现在为止，虽然仍然没有爬出来，但应该是看到天空和亮光了！

23

好得很还是差得很？

——对2019年信立泰三季报的评价

2019年10月29日

季报对长期投资者来说没有重要价值，评价季报是犯了“多动症”，不应该提倡。但是这份季报时间节点重要，也许此后将会是一个全新的信立泰，因此值得认真一读。

只看净利润炒股在这个市场属于“小白”的级别，我知道很多基金经理不看这个指标，因为净利润可以被任意调整。巴菲特说：芒格和我可以给出任何你们想要的利润数据。

公司三季度只赚了8000万元，收入下降4%，大部分人以为又爆了一个雷，而我仔细读了以后，反而更加安心了。

第一，公司的经营质量实际上在不断提高。三季度经营数据显示，每股现金流1.21元，同比提高13%。一、二、三季度每股现金流分别为0.4元、0.79元和1.21元，可以看出，趋势稳健并不断提高。在销售额占比超过70%的泰嘉的价格下降53%的前提下，销售毛利降幅小于1%。存货周期天数199天，上年是200天。总资产周转率、固定资产周转率分别为0.45次和3.01次，上年是0.63和4.06次，变化不明显。

现金流连续几个季度好于净利润，除了中标支付政策改善之外，最大的可能是加大了无形资产、长期待摊费用的摊销力度，而这样操作是出于资产、子公司持股结构调整的需要。

第二，创新药销售增速加快。2018 年泰嘉销售额为 32 亿元，“4 +7”药品集中采购以后，降价 53%，考虑到“4 +7”地区之外没有全部降到中标价及中标后量的增加，泰嘉 2019 年的销售额至少应该有 8 亿元下降，这部分全由非泰嘉和非原料药补足。如果一个创新型药企，不需要外部融资，销售额在 20 亿元左右，每年研发投入 8 亿元，销售额增长 45%，我们应该给多少估值呢？

第三，为什么将前几年已经发生的研发投入做回转处理？研发投入回转要牺牲当期利润，在当期财报不好看的情况下正常的想法是暂时不做处理，在业绩好的年份再处理。我想可能是公司有了新的发展计划，建立了新研发管线，原来管线中已经停止的品种不包含在新计划中，必须在财务上做一次清算。原来公司说过不回购、上市后不会二次融资，但现在都改变了。公司公布了 3 亿元回购计划，所以不怕股价大跌，怕的是买不到预计的量，后续员工激励不好开展。科技公司的关键是人才，所以我们看到，公司利润下降后，员工收入反而明显增加。又到了第二期员工持股计划的时间节点，这一次一定会让员工赚钱而且是赚大钱（2020 年 7 月，一期员工持股计划以 33 元/股抛出，加上 10 倍的杠杆，员工持股 3 年获得 178% 的收益）。研发投入增加 98% 显示了表面温和的叶家父子关键时刻的果敢和决心，敢于果断出手。美国安耐德合伙人有限公司加仓 400 万股，这个基金有长期医药投资的经历以及多次成功的案例，请不要认为他们傻，好吗？

24

2020年信立泰三季报简析

2020年10月23日

这份财报只披露了企业的经营业绩，没有涉及研发进展。这与百济神州、信达生物等创新型药企的财报有所不同，给人的感觉是企业不愿多讲。

实际上，这个季度研发方面发生了一些大事，如雷帕霉素药物洗脱椎动脉支架系统取得医疗器械注册证，盐酸帕罗西汀肠溶缓释片获批上市，SAL007、恩那司他国内临床获批等，对信立泰未来发展具有重要意义的凯雷投资集团进入也发生在本季度。我猜想公司之所以不想多说，是不想隐瞒遇到的困难，不想以有利的消息来掩盖严峻的现实，给不成熟的投资者造成误解。

整体来看，公司业绩低于预期，特别是季度营收同比下降50%已经是非常危险的信号。按理来说，国内三季度新冠肺炎疫情已经缓解，营收不应该低于上季度。我在雪球做二季度业绩访谈前与信立泰公司通过一个电话，公司称，受疫情影响二季度信立坦进院受阻，会在三季度及以后反映在公司业绩上，这应该就是营收数据低的主要原因。

预计四季度会有好转，但能好转到什么程度不得而知。2018 年仿制药集中带量采购以来，信立泰业绩受到影响，营收和净利润由原来每年 20% 以上的增长转变为持平并逐步下降，本季度已经到严重的地步，如果继续下降将出现亏损。好在公司基本无负债，财务回旋余地比较大。

财报中也有亮点，公司首次获得了专利权益转让收入，虽然只有 2800 万元，但总算迈出了关键的第一步。公司回购苏州、北京、山东、成都、深圳的子公司少数股权，卖出非主流管线，反映公司聚焦创新的决心。

目前公司处境困难，但是创新的未来在于研发，信立泰的管线到底有没有价值，原来只是散户们在讨论，没有机构认可，现在凯雷投资集团来了，作为全球最大的私募股权基金之一投出了分量极重的一票。

港股以 18A 规则上市的新药企有 30 多家，没有一家是靠自身现金流来支撑研发的，大部分还在临床阶段，无产品无营收，照样生机勃勃。信立泰有了凯雷投资集团加盟，在国际化、创新的路上会得到有力帮助，有利因素在进一步积累。

扶我起来，我还能加仓。

25
主菜还没有上桌，盛宴才刚刚开始

2020 年 7 月 14 日

首先要说明一下，本人不预测股价！我在股市赚到的钱，99% 不是来自对股价的预测。本文描述的是经公开渠道发布的事件和基于这些事件的推测，并非预测股价的短期走势。任何快速上涨后的股票都蕴含巨大风险，望读者明察。

2020 年 2 月 28 日，信立泰的股价创下近两年调整行情的最低点：16.78 元，3 个月后的 5 月 26 日开始上涨，48 天涨幅约 100%。这一轮上涨跟微创医疗[①]一年 8 倍的幅度比起来算不了什么，在医药牛股批量出现的市场也不很起眼，但是请不要对奇特的现象轻易下中庸的结论。

6 月 26 日，信立泰发布了两个公告，宣布开展从日本引进的治疗肾性贫血新药恩那司他国内桥接临床试验[②]、SAL007 国内临床试验，

① 在香港上市的内地公司，2020 年研发驱动型医药公司受到市场资金追捧，股价一年上涨 8 倍。

② 桥接试验指药品在原研地之外的新地域开展的补充试验，以获取与新地域人群有关的药动学（药物动力学）和有效性、安全性、适应剂量、给药方案等信息。

一般认为这是信立泰向创新药企顺利转型的标志，也是本次上涨的主要理由。对此我持不同看法，我认为促使信立泰股价近期大涨有明线和暗线两个因素，以上所述的是明线，但暗线才是主菜，而且没有上桌。

5月19日和4月10日，信立泰发布了收购山东、苏州子公司少数股权公告，收购完成后，它们成为全资子公司。2019年甚至2018年，同样的操作也在成都、深圳和北京的子公司发生过。加上6月23日提高回购上限的公告，可以看出信立泰大股东正在筹划一场资产和股权结构的重大调整，也许这才是信立泰股价“凤凰涅槃”的真正原因。

以下是笔者的推测，请不要作为买卖依据，一切以公司公告为准。

本次公司调整的目的：满足新药研发的巨量资金需求，吸引和留住人才，理顺内部机构设置，加快研发进度，提高立项科学性和商业化预测精度，推进国际化建设。

可能的方案要点：较大规模增加创新人才持股，适当增加员工持股；以研发管线为纲，调整子公司布局，合并生物、器械等事业部；在子公司层面引进具有国际背景的战略投资者，可能是高瓴资本、黑石集团等基金，也可能是阿斯利康、辉瑞制药、诺华制药这样的跨国知名企业，展开研发和商业合作；大股东再次出让股份，数量会超过第一期员工持股的2000万股，如果魄力够大，应该分期将超过51%的持有股份全部出让；发行可转债，规模不会超过10亿元；增加银行贷款，按照资产规模再贷款40亿元不能算经营风格激进。整体看，可转债和贷款，加上每年正常的利润，可以保证推进现有管线所需资金。

时间节点：2020年下半年完成。

补充说明：此文发出不久，信立泰公告了一系列重大行动，如凯雷投资集团入股、第二期员工持股计划、第一期的员工持股抛售、整合器械子公司、增发新股、整合管线，等等，引起市场广泛关注。

26

罕见：859 名小股东参与，代表股份超过总股本 5%

2021 年 1 月 21 日

一家平常的公司召开一次平常的临时股东大会，网络上和现场吸引了 859 名小股东参与，代表股份超过公司股本的 5%，比第二大股东持股份额还多，这是非常少见而且有意思的事情。

在证券市场，信立泰一直给人以平稳、绩优、分红优厚的印象，但是，仿制药集中采购的推行改变了其运行轨迹。2020 年下半年以来，经历了 3 年艰难转型的信立泰迎来了爆发期，引进强援，重组资产，优化研发管线，筹备员工持股和增发新股融资，先后发了几十份公告。2021 年 1 月 21 日，信立泰召开临时股东大会，审议和表决《第二次员工持股计划方案》等 3 项议案，小股东表现了异乎寻常的巨大热情。

参与投票的小股东合计持有 6032 多万股（平均近 7 万股/人，以当天股价算市值大于 210 万元），超过总股本的 5%，也超过最大的机构股东凯雷投资集团。据笔者所知，只有贵州茅台的股东大会出现过如此盛况，说明在信立泰，小股东已经是不可忽视的力量，他们对公司的影响力在增加。大股东诚信，小股东回以信任不离不弃，形成良性循环。信立泰的实践是不可多得的成功案例，应该得到推崇。

长期以来，人们把证券市场看成鱼龙混杂的地方，谎言、欺骗、造假大行其道，大股东损害小股东利益的事件时有发生，小股东对大股东普遍表现出不信任，其中关键是市场主体诚信出了问题和监管不到位。小股东对大股东不信任，投资权益得不到切实保障，受到侵害后没有合法的追偿手段，长期投资就不会成为大多数人的选择，而长期投资比重不足的市场是不成熟的、波动巨大的，对社会经济的危害大于其发挥的作用。巴菲特和芒格以超过 50 年的时间将伯克希尔 – 哈撒韦打造成投资人的“圣殿”，每年股东大会吸引数万名全球投资精英前去“朝拜”，它“真经”的核心是诚信、法治和投资理念。从对信立泰的观察，笔者看到了基于东方文化的 A 股市场的辉煌前景。

小股东的热情还来源于对创新的期待和追求。信立泰经历 3 轮集采，当家产品泰嘉销售价格下降近 2/3，公司利润下降到正常年份的零头，股价最大跌幅超过 60%，但仍有一大批“铁粉”不愿意离开，他们对信立泰破釜沉舟走创新路投下了赞成票。近期，信立泰积极筹备股票增发，计划中的 5 个项目有首创新药 JK07，也有成药概率高的 951、086 及两个复方。在心血管治疗、肾科、骨科领域，公司全力出击，兼顾技术先进性和风险，稳妥而高效，表现出大股东的胸襟、魄力和眼界，最终获得资本的青睐，赢得了小股东的信任。

信立泰在国内是心血管治疗细分领域的头部企业，未来要成为国际上该领域重要的制药企业。作为小股东，我希望信立泰可以成为伯克希尔 – 哈撒韦那样的公司，成为建立在正确理念之上的有温度的股东之家。创新的路上困难多，不管遇到什么，让我们共同面对，因为我们也是股东。

27

去留无意，望天空云卷云舒

2019 年 10 月 17 日

2019 年 7 月 31 日，江苏省阳光采购联盟组织 55 家成员单位，以过去 12 个月（2018 年 7 月 1 日至 2019 年 6 月 30 日）总采购量的 70% 估算本次组团联盟（55 家单位）采购总量，对雷帕霉素及其衍生物支架和双腔起搏器进行集中采购，采购周期为 1 年。本次组团采购分为两组：①A 组：省级中标价格在 10000 元以下；②B 组：省级中标价格在 10000 元以上。招标入围产品以其最终价格降幅作为唯一中选条件。最终 A 组入选产品为乐普医疗的 GuReater 和微创医疗的 Firebird 2 支架，B 组入选产品为微创医疗的 Firehawk 支架、乐普医疗的 Nano Plus 支架、雅培的 Xience V 支架和美敦力的 Resolute 支架。据媒体报道，此次集采乐普医疗的 GuReater，报价 2850 元/套（降幅 66%）；微创医疗的 Firebird 2，报价 3400 元/套（降幅 56.4%）。

与“4 +7”药品集采相比，江苏省阳光采购联盟的“总量 70%、以价格为唯一竞标条件、降幅”都十分相似，但在资本市场引起的波动有天壤之别。上年的“4 +7”集采后，信立泰的氯吡格雷最后降价

图 27－1　2018 年 8 月—2019 年 10 月信立泰的股价走势

图 27－2　2018 年 8 月—2019 年 10 月乐普医疗股价走势

60%左右，2019 年中报显示销售量大增、销售额微增，股价却因此从最高的 46 元跌到最低 19 元，降幅近 60%（见图 27－1）。而乐普医疗经历了药品和器械两个品种的集采，产品降幅都超过 60%，股价却强势得多，2019 年上半年还涨了 30% 左右（见图 27 – 2）。市场不是讲理的地方，它有自身的逻辑，笔者认为关键的原因是乐普医疗参与集采的药品原来市场占有率很低，如氯吡格雷集采前其市场占有率不到 10%，因此是“光脚不怕穿鞋的”，割掉的是别人的肉（友商的、经销商的）。而信立泰的泰嘉占 30% 以上，割的全是自己身上的肉。乐普医疗善于迎合市场，以不可信的方式保持了市场最看重的高增长，股价因此能维持强势，而信立泰坚持做老实人，没有掩盖困难。

28

信立泰投的 nanatinostat 到底是什么样的宝贝？[①]

2019 年 3 月 22 日

最近几年，信立泰加大了研发和权益引进力度，先后投资了几个重磅品种，这些品种在很大程度上决定着公司未来的方向。

2018 年 11 月 29 日，信立泰宣布与美国 Viracta Therapeutics 公司签订协议，获得其拥有的“nanatinostat”相关知识产权、技术信息在中国大陆地区的独家许可使用权。信立泰将根据产品研发进展，以自有资金按里程碑付款，总金额不超过 5800 万美元。此外，信立泰拟以自有资金 1000 万美元向香港全资子公司诺泰国际增资，主要用于分阶段认购 Viracta Therapeutics 公司新发行的 C 轮优先股 11936023 股，认购完成后将占其 15. 25% 股份（2019 年 3 月完成付款）。这笔投资有怎样的前景，是否符合公司长远战略，我们要从以下几个方面来看。

第一，先看两个牛人。

黄馨祥（Patrick Soon-Shiong），项目的牵线人，曾是外科医生，

① 本文中关于公司以及相关项目的论述引自光大证券分析师林小伟、梁东旭于 2018 年 11 月 29 日所撰写的公司研报。

后成为企业家，在肿瘤新药研发和商业化中取得了非凡成就，是《洛杉矶时报》的老板。福布斯估计黄馨祥拥有75亿美元的财富，在美国亿万富翁中排名第65。截至2016年12月，他拥有92项美国专利和138项国际专利。黄馨祥的父母来自广东梅州，与叶家是老乡，老叶是香港居民，黄馨祥也发迹于香港，他们走到一起顺理成章。

Ivor Royston（阿佛·罗伊斯顿）博士，是美国生物医药之父、精准医疗（抗体药）的先驱，美国前总统克林顿的医学顾问、国家肿瘤防治顾问，美国约翰·霍普金斯大学医学院医学博士、校董，斯坦福大学肿瘤学博士后研究人员，加州大学圣地亚哥分校（UCSD）医学院教授。他拥有30多年生物医药行业从业经历和丰富的初创公司投资经验，投资和运营了60多家公司，其中10多家成为美国上市公司，10多家被美国大公司并购。

阿佛·罗伊斯顿说："投资中国的医疗市场是一个非常好的选择。将美国的前沿研究技术引进中国，在中国进行临床试验的模式能够很好地促进新药物研发。其中一个很重要的原因就是，中国的临床试验具有成本低、效率高、市场大的优势。同时需要强调的是，中国目前也在不断创新，反过来也会有很多中国的医药公司将好的技术带到美国进行发展，这是一个双向的过程。"

第二，看公司股东。

NantKwest是一家创新型临床阶段免疫治疗公司，致力于利用自然杀伤细胞（natural killer cell，NK）治疗癌症、传染病和炎症性疾病，目前已在美国、加拿大以及欧洲地区进行多次一期临床试验。2015年7月27日上市，上市首日市值达到27亿美元。

Wicklow Capital是一家专门从事后期风险投资的风投公司，隶属于 GETCO 公司的联合创始人兼董事会成员 Dan Tierney。

Latterell Venture Partners 是一家专注于初创公司和早期医疗保健公司（包括生物技术、制药、研究仪器、生物材料、医疗设备、医疗保健 IT 和诊断企业）的风险投资公司。

Forward Ventures 专注于生物科学领域的风险投资，拥有一支在创业、风险投资和运营方面具有丰富经验的投资专业团队。

第三，最重要的是看项目。

核心在研品种 nanatinostat 与口服抗病毒药物联用，可用于治疗与 EB 病毒相关的癌症，如 EB 病毒阳性淋巴瘤、鼻咽癌、胃癌等。nanatinostat 是 Viracta 公司研发的新一代口服组蛋白去乙酰化酶抑制剂（HDACi），属于口服强效 I 类 HDACi。

HDACi 是一种新机制下的肿瘤靶向药，特点是高选择性和高安全性，相比传统靶向药，具有更小的细胞毒性和神经毒性，同时成本更低。

国内外 HDACi 研究情况：国外上市较早的 TSA、Depsipeptide、丁苯酸盐等药物由于半衰期长、副作用较明显而导致临床应用受限，近年来不断开发出大量新型 HDACi。国内目前唯一获批的 HDACi 药物是深圳微芯生物研发的西达本胺，2014 年 12 月上市。该药获得国际专利并授权美国 HUYA 公司，实现了中国小分子化学药物领域首次对国外制药企业的对外授权（license-out）。基于其明显的亚型治疗优势、患者生存期长优势以及费用优势（2 万元/年），该药获评“2016 年中国医药创新品牌”之“最具临床价值创新药”。

目前 nanatinostat 在美国处于临床 Ib/II 期研究阶段。临床前试验结果显示，相较非选择性的 HDACi 同类药物，nanatinostat 能使 TK 酶的表达显著增加，但对基质金属蛋白酶无显著激活作用，特异性更强，副作用更低。相比于西达本胺，nanatinostat 有更广的适应症。西达本胺仅用于复发或难治性外周 T 细胞淋巴瘤，属于 T 细胞淋巴瘤的二线用药。而 nanatinostat 的适应症包括 EB 病毒阳性的淋巴瘤、鼻咽癌等多种肿瘤。

第四，还要看市场。

鼻咽癌中 EB 病毒阳性比例高达60% ~90%，且 EB 病毒阳性患者疾病的恶性程度、复发率和转移率均显著高于 EB 病毒阴性患者。我国鼻咽癌每年发病总人数约为 6 万人，预计适用治疗人数 4.5 万人。目前，鼻咽癌的治疗以放疗、化疗为主，但对于晚期患者，现有的治疗方案受限于鼻咽癌解剖部位及化疗药物的毒性等，使得复发率和转移率增加，造成患者预后不佳。因此，与 EB 病毒相关的鼻咽癌靶向治疗，或将成为非常重要的治疗方案。淋巴瘤每年新增患者人数 8.8 万人，死亡人数 6.8 万人。相比 EB 病毒阴性淋巴瘤，EB 病毒阳性淋巴瘤患者的生存时间明显缩短。而 HDACi 由于具备高选择性、高安全性，单药或与其他药物联用成为淋巴瘤治疗领域重要的研究方向之一。暂时考虑鼻咽癌和淋巴瘤两个适应症，假设 EB 病毒阳性患者渗透率 30% ~50%；参考类似靶点药物总有效率，假设淋巴瘤患者渗透率20% ~30%；参考西达本胺在国内定价 2 万元/年，nanatinostat 上市后预计市场空间有望达到 5 亿 ~10 亿元。

最后谈谈笔者的看法：

投资 nanatinostat 是信立泰一个新的尝试。信立泰搭上了黄博士这个大牛人，就算切入了医药研究最前沿，如果发展得好，以后会有更多的好项目到来。肿瘤治疗是一流医药公司的必争之地，也是有抱负的大股东必然的选择，公司要成长为千亿、万亿市值的大公司，起码要在肿瘤治疗领域占有一席之地。信立泰已有肿瘤治疗领域的布局，这次的投资是以小部队快速切到第一线，像骨科等布局一样十分聪明。所谓风险投资，风险当然大，公司在协议签订时已经做了相应控制，即使失败也不会伤得很重。医药行业是有无限可能的地方，正确处理稳与进、保守和冒险，需要智慧和运气，祝信立泰好运！

补充说明：在本书将要完稿的时候，信立泰对这笔投资有了新的决策。2021 年 8 月 24 日，信立泰发布公告：经公司 2021 年 8 月 20 日第五届董事会第十八次会议审议通过，公司拟与 Viracta Subsidiary, Inc. 就 nanatinostat 中国大陆地区独家许可使用权事宜签署终止协议，双方不再履行《独家许可协议》项下权利及义务，并由 Viracta 向公司支付 400 万美元。

2020 年 11 月，Viracta Therapeutics, Inc. 与 Sunesis Pharmaceuticals, Inc. 的子公司 Sol Merger Sub, Inc. 合并，合并后的公司以 Viracta Subsidiary, Inc. 名义运营，并在美国纳斯达克上市。上市后，诺泰国际有限公司持有 Viracta Subsidiary, Inc. 股份数变更为 1484478 股，约占其 7.79% 股份（此后经过又一轮融资，持股比例有下降）。原《独家许可协议》项下权利义务由 Viracta Subsidiary, Inc. 继受。

截至 2021 年 8 月 27 日，该公司股价为 9.82 美元，总市值 3.66 亿美元，信立泰持股市值比入股时增值 50% ~80%（公司调研会相关人员口述）。

29

JK07（SAL007）成功的可能性有多大？[①]

2020年6月29日

信立泰自主研发、具有全球知识产权的NRG－1（神经调节蛋白－1）融合抗体药物，美国临床研究于2020年2月获FDA批准（项目编号JK07）；6月国内临床申请被CDE（国家药品监督管理局药品审评中心）受理（项目编号SAL007）。这是其美国全资子公司Salubris成立以来进入临床的第一款新药，是信立泰国际化的第一步。对信立泰而言，JK07短期是创新转型的起点，中期是自主研发重磅品种和国际化关键步骤，远期是维持现金流、引领信立泰进入创新新天地的助推器。

统计表明，到达一期临床的新药研发失败率仍然高达90%。JK07的靶点和机理都是全球首创，能否成药，有多大的把握成药呢？我们可以从一款同靶点新药纽卡定的研发进程看出端倪。

1996年，周明东博士来到位于悉尼的著名心脏病研究所，在实验

① 本文相关资料来源于泽生生物公司公告和信立泰公司公告。本文进行了相应的数据更新。

室他发现了一种能够以全新机制治疗重大疾病的原创新药——纽兰格林（纽卡定），随后他毅然辞职回国，创立了泽生科技。

此时处于国内创新药投资热潮的早期阶段，政府重视、资本追捧、环境友好，周博士的事业得到各方面支持、帮助，迅速在张江创业园成立了公司。纽卡定从靶点、机理验证，到完成三期临床用了20年，其间取得多次重大进展。具体如下：

（1）2019年8月26日，获得FDA快速通道（Fast Track）资格。

（2）2020年3月，针对射血分数保留型心衰（舒张性心衰）适应症的美国专利被授权。

（3）2020年3月被NMPA、CDE纳入优先审评程序。

（4）2018年3月，在第67届美国心脏病学会年会（ACC 2018）上，张健教授介绍了纽兰格林中国三期临床试验ZS－01－305的研究结果。报告通过扎实的试验数据展示了纽兰格林的显著疗效，特别是对目标患者的巨大生存率获益。

（5）国际知名行业分析与咨询公司Global Data在最新行业报告《心力衰竭：至2028年的全球药物预测与市场分析》中，将纽卡定确定为未来几款国际心衰产品管线上的重要在研创新药物之一。

（6）诺华的诺欣妥是目前心衰一线用药，该药能够使慢性心衰患者的全因死亡率[①]降低16%，而纽兰格林相对对照组，能够使轻中度心衰患者（目标患者）的全因死亡率降低62%。

（7）近日，纽卡定用于申请附条件上市的心功能补充试验（ZS－01－308）正式启动，如能按期完成，可提交附条件上市注册申请。

---

① 是指一定时期各种原因导致的总死亡人数与该人群人口数之比。

综上，纽卡定的研发始终没有偏离理性和科学的道路，得到了中美两国药品监管部门和学术界的认可，出药是水到渠成的事，到2021年，最迟2022年将会获得CDE有条件批准上市。但是三期临床结束没有直接获得批准，增加了补充试验，未来批准的适应症也许会改变。

纽卡定做了比较完备的专利保护，JK07能够绕过专利矩阵，一定是分子结构和作用机理有实质性改变。根据公司年报，临床前研究方面，信立泰为这个药已经花了超过1亿元，2021年上半年获得了美国专利。针对此事，我曾经咨询过信立泰，公司说是同靶点不同逻辑，具体细节未告知，估计是商业秘密，不便向外人道也。据说纽卡定给药要用专用泵，一次8小时；JK07是静脉滴注，一周一次，依从性好很多。

补充说明：2021年信立泰中期报告显示，抗心衰生物创新药JK07正在中国、美国同时开展一期临床试验，并已分别完成第一剂量组(0.03mg/kg)哨兵患者给药。临床前动物心衰模型的药效试验结果在人体中被初步证实。此外，通过2例哨兵数据还可看出，JK07在剂量极低的前提下能快速起效，且药效可以长时间维持，未发现明显的胃肠道不良反应，初步验证JK07产品的设计思路可行。哨兵用药数据显示出良好的有效性。

30
应该给阿利沙坦酯片多少估值？

2019 年 10 月 31 日

阿利沙坦酯片（以下简称“阿药”）是目前还在专利期的、唯一具有自主知识产权的治疗高血压的一类创新药，是信立泰最重要的一块资产，也是其承上启下的关键产品。评估信立泰首先要弄清楚阿药值多少钱。

现金流折现法（DCF）是目前股市通行的估值方法，对创新药同样适用。其计算公式为：

$$药品估值 = P \times \left[\sum_{i=T_0}^{T_n}\frac{Di}{(1+r)^i} + \frac{Dc}{(1+r)^{T_n}}\right]$$

当然个人投资用不着搞这么复杂。

这个公式可简化为：药品估值 $= P \times S \times T$

P：成功概率，S：销售曲线，T：生命周期。

阿药已经上市，估值就简化为两个变量：S 和 T。最后，估值问题就集中到两个关键数据，即销售峰值和净利润率。

先看销售峰值。我第一次参加股东大会是 2018 年，小叶总在会上说是20亿元。2019年我再一次参加股东大会，他说是100亿元，这都是我亲耳所闻。

当然，我们不能听一面之词，仍要以公开信息为依据来印证。我国高血压患者有2.7亿人，预计其中2亿人需要吃药管理。治疗高血压的药有很多，主要有钙离子拮抗剂、血管紧张素Ⅱ受体的拮抗剂、血管紧张素转化酶抑制剂、β受体阻滞剂、利尿剂、α受体阻滞剂等，原研药都是国外公司的。阿药是目前唯一具有自主知识产权的创新药，也是唯一的在保护期的专利药。它不通过肝脏代谢，可以降低尿酸，因此对特定人群具有差异化优势。在销售峰值时，5%的高血压患者使用阿药应该是可能的，大约1000万人。2019年阿药经过第二次医保谈判降价13%左右，价格为240mg每片6元。2021年11月要进行第三次谈判，医保谈判每2年一次。据此测算，整个药品的生命期，以平均3元计算，一天一片，全年销售109亿元。从另一个角度看，2018年阿药销售额为4亿元，只进入1800家医院，院外销售如药店和网上还没有开展，日后入院有望达到1万家，再加上院外销量，销售峰值应该能达到50亿元。

再看净利润率。氯吡格雷（简称“氯药”）集采降价前6元多一片，降到2.4元仍然有10%的净利润率。还有一个角度，2018年、2019年，氯药年销售额均为30多亿元，而2018年、2019年信立泰的净利润均为约14亿元，当时公司利润主要来源于氯药，由此推算出氯药当时的净利润率在30%以上。氯药是仿制药，而阿药是专利药，据此可以推断阿药的净利润率在专利期平均可以达到50%。前期要进院和推广，销售费用高，进院超过6000家以后，销售费用会显著下降。专利期过后，因为不需要维护，高净利润率还会维持很长时间。

至此，我们可以估值了。按峰值销售额50亿元测算，从2019年开始到2028年专利期结束共9年，前4年15亿元，后5年50亿元，专利期后继续销售15年。价格平均3元一片，以十年国债3.5%复利折现。

专利期估值：$15\times50\%\div1.035+15\times50\%\div1.035^2+15\times50\%\div1.035^3+15\times15\%\div1.035^4+50\times50\%\div1.035^5+\cdots+15\times50\%\div1.035^9\approx125.9$（亿元）

专利期结束后，药品的价格和销售额都会大幅度下降，但慢性病用药存在患者用药习惯的延续，因此下降曲线会相对平缓。综合考虑以上因素，参考上述估计方法，我认为专利期结束后估值大致的结果为25亿元。

24年以后残值不计。

合计：150.9亿元，还没有将两个复方计算在内，复方上市后专利期延长到2036年。看了这些你还认为信立泰贵吗？

补充说明：2021年半年报显示，信立坦销售额增幅达150%，公司计划全年销售10亿元，按目前态势能达到12亿元。

31
如何看阿利沙坦酯片再一次进行医保谈判？

2021 年 7 月 31 日

曾经有过“医保谈判一个药最多进行 2 次”的说法，最近公布的新一轮（2021 年度）医保谈判目录中阿利沙坦酯片在列，这已经是“三进宫”了，要做好以后每 2 年谈一次，直到专利期结束的思想准备。

再次谈判降价是利空吗？信立泰股价会再跌吗？这是大部分人关心的问题。

我认为，要从 4 个维度来看。

第一，医保专家组的内部尺度。尺度 1：阿药是国内唯一的在专利期的降压药，具有完全知识产权，不应该低于过了专利期的原研药，否则不符合鼓励进口替代、顺应“双循环”大局的改革目标。尺度 2：阿药具有临床差异化优势，上市后在肾科做了几千病例的四期临床，有充分的数据支持。当然，价格是一定会降的，但是有了上面两点预期，结果会比较乐观。目前沙坦类主流用药代文（缬沙坦）80mg 规格的市场价在每颗 4 元以上，而阿药医保价格是 240mg 每片 6.08 元，降价空间非常有限。“4 + 7”集采以来，公司经历了多次报价、还价程序，人和过程都熟悉了，特别是联盟地区失标以后公司更加重视此事，内部机构和人员都经过调整，后来的投标改进明显，取得了一年内中标 8 次的好成绩，相信这次不会玩砸。

第二，公司的长远规划和预期。这个药在公司转型中起到了至关重要的作用。一方面，作为第一个专利药，它的销售额从 2016 年的几百万元增长到现在的 10 亿元以上，成为公司估值的主要支撑，在泰嘉因集采“崩塌”之后，成为增长最快的品种，维持了公司正常的现金流，保持了生产经营和研发的正常进行。公司最近的引进战略投资者、增发、内部机构和管线重组以及 086 和两个复方的立项都与阿药有关，086 来源于阿药技术的延伸。另一方面，长期看它是过渡性品种，正常情况下明年第二个专利药 951 会上市，是国内上市同类第二，公司的竞争格局将得到根本性改善，真正确立创新型药企的身份。再长远一点，JK07 的临床进展会得到越来越多人的关注。JK07 是信立泰国际化的第一步，走得好不好决定信立泰的层次和未来空间。

第三，病种的属性。高血压是最大的病种，降压药可以视作拥有无穷无尽的患者，这与其他很多药不同。化学药的特点是生产成本特别低，主要成本在研发和销售中产生，如果医保降价后能促进销售增长，那降价就不一定是坏事。腾讯和阿里巴巴为什么市值能到几万亿元？因为互联网的特点是：过了临界点的获客成本几乎为零。降压药是否也有点这个意思呢？

第四，预期之中。公司从上年开始，在机构调研中和股东大会上的说法是一致的，都是无法肯定是否再谈判，即使不谈判自己也会降价，并建立了降价模型。因此，这次与泰嘉失标不同，非突发事件。

贵州茅台

笔者在2015年10月第一次买入贵州茅台，2018年大跌时加仓，绝大部分持股保持到现在。2021年8月27日是贵州茅台上市20周年纪念日，20年前贵州茅台以31.39元发行上市，今天复权后股价2240元，以7个月前的2603元计复权股价为3200元（不计分红）。20年简单计算的累计分红103元/股，其间有4个年份额外10送1股，因此实际现金分红约135元/股。贵州茅台是股票市场的特例，是价值投资者的福星，很多人的人生因为它得以改变，A股因为有它而更具价值。20年中，贵州茅台也出现过至少3次波折，每一次都引发股价剧烈波动，今天对于贵州茅台也有很多质疑，以后也不会一帆风顺，但是贵州茅台是唯一的，它一定会战胜困难，走得很远、很好。

投资贵州茅台，笔者赚到了最大一笔利润（浮盈）。投资过程总体是愉快的、轻松的，但也有彷徨和经受煎熬的时候。从以下文章，可以感受这段心路轨迹。

32

持有贵州茅台 6 年的两点启示

2019 年 3 月 27 日

买入并持有贵州茅台是我入市 20 多年来最好的一笔投资。所谓最好，是指年化收益率和绝对收益额都是最高的（我很少持有股票少于一年）。如果和其他所有投资比较，这项投资仅仅低于唯一一次的福利房买卖，那套房子住了 15 年价格涨了 40 倍。证券公司经理对我说，他的客户有 10 万人，其中买过贵州茅台的人很多，但能从低位捂到现在的只有几个人。说实话，我对此并不感到意外。2018 年我能提前 10 年退休，享受自由生活，很大程度上得益于对贵州茅台的成功投资。

我在 2015 年下半年买入第一批贵州茅台股票，2018 年 10 月在 660 元附近又一次买入，贵州茅台跌停后一段时间在 550 元附近再次买入（卖出招商银行买入贵州茅台），这是第三次也是最后一次。投资贵州茅台的过程是快乐的，焦虑不安的时候比较少，这一点买其他股票很难做到。更重要的是投资贵州茅台，我不光收获了财富，还增进了认知水平，坚定了我终生践行价值投资理念的决心。现择其要点分享如下。

第一点启示：最是口头禅，贻误百年身。口头禅并非重复说一句话的意思，而是指修禅不在印证上下功夫，只停留在嘴上。面对市场，新股民一定会感到困惑，股市投资方法、理念、窍门、法宝和各种神人、高手、大佬非常多，不知该学什么。著名投资人段永平说过一句话，“投资只有一种玩法”，很好地回答了这个问题。有很多人热衷于各种方法理念的研究学习，读几百本关于投资的书，到处听名人报告，但仍然改变不了账户市值不断缩水的趋势，我感觉他们是走上了错误的道路。格雷厄姆、巴菲特、芒格等人已经将价值投资说完了，内容简单易懂，就那么几句话，留给我等的只有践行，终生践行。“好生意、好价格”是被价值投资者说滥了的教条，但符合要求的目标真正出现的时候，又有多少人“相逢不相识，归去梦青楼”呢？

2015 年 10 月，受塑化剂事件、打击“三公消费”等因素影响，高端白酒市场低迷。2015 年贵州茅台营收 327 亿元、归属股东的净利润 155 亿元、经营活动产生的净现金流 174 亿元、账面现金 380 亿元、预收账款 800 多亿元，而股价在 180 ~ 200 元，市值 2300 亿元左右，13 倍左右的 PE，每股分红 6.1 元。贵州茅台上市后保持净利润每年增长，2015 年增幅只有 1%，是最差的一年。年报中阐述的预期明显悲观：“从国内看，在‘三期叠加’相互交织影响下，主要经济指标增幅回落，一些指标出现近 10 年以来的最低值，GDP 增速跌破 7%，PPI 连续 46 个月为负，部分行业产能过剩，企业生产经营困难，出现‘四降一升’，经济下行压力持续加大。从行业看，去年白酒行业虽出现了微弱复苏迹象，但综合预判，白酒行业今年仍将处于持续深度调整期，国内产能持续过剩、市场竞争激烈、税负过重等问题在较长一个时期内仍将交织并存。”但是让人大跌眼镜的是，第二年开始，一个波澜壮阔的时间超过5年的高端白酒高景气周期即将展开。

第二点启示：有第一不买第二。这句话是茅台“钉子户”林园说的，但我很早就明白这个道理。2015年，我同时买入了五粮液和贵州茅台，买的资金额差不多。当时五粮液市值在800亿元左右，而公司账上有400亿元的现金，比贵州茅台更诱人。根据长期投资的经历，我总结出一条规律，第一名与第二名的差距在数量上不明显，但用商业标准来衡量则有天壤之别。这个规律也适用于其他领域，如刘翔和史冬鹏110米栏成绩相差只有半秒不到，而商业价值可能相差百亿！而且第一名的风险最小，因为风险不在于价格高低，而在于企业的经营现状。行业的利润一般要被头部企业吃饱了才轮到其他企业。如果行业需求现实存在，头部企业的商业价值就不会轻易被削弱。基于这样的认知，不久我就将五粮液全部换成了贵州茅台。

33

写在我的第一只10倍股出现之时[①]

2019年12月30日

首先要说明一下，这个10倍是有“水分”的。我的第一批贵州茅台买入价是180元左右，2015—2020年，每股分红累计约74.8元。2020年8月26日贵州茅台收盘价1596元，复权1670.8元，基本实现了10倍（2021年2月达到过2603元的高点）。用如此华而不实的标题，其实暴露了我内心的虚荣，这一点要请大家谅解。其次，一只股票涨10倍，在为数众多的“徐股神”的信徒眼里，也许是不值一提的小收获。但根据公开信息判断、用自己的钱、零杠杆，在此基础上在不算长的时间涨10倍，并不是一件常见的事，其中有一些规律和经验值得提炼出来和大家分享。

第一，如何理解确定性？

确定性是巴菲特价值投资理论的一块基石。重视确定性能有效规避风险，获得理想的投资收益。但是确定性并非1+1=2的算术题，

① 本文相关数据做了更新。

许多受过良好教育的投资人都常常难以把握。问题出在哪里呢？

应该从两个层面来理解：一是没有 100% 的确定，风险就像空气一样无处不在、永远存在。我将确定性分为一定如此（80% 以上）、可能如此（50% 以上）和碰巧会如此（30% 以上）3 个层次，并以不同的方式来应对。确定性大小往往与预期收益负相关，即存在风险收益比。我决策的总体思路是：冒小风险博较大收益，在风险收益比上占便宜。具体就是："一定如此"的一定做，如果还不需要成本，我就把它当成天底下最好的生意，认真做。A 股市场新股申购和一部分的可转债申购就是这样的生意，我对此倾注了巨大热情，在能力范围做到极致。现金申购时，我就筹措能力范围最大量的资金；信用申购开始后，则想方设法开设最多的账户。"可能如此"的限量做，如当时的贵州茅台，怎么算都会赚钱，但出于对风险的敬畏，我只买了三分之一的仓位，后来确定性更加稳固后加仓。"碰巧会如此"的一般不投，除非前景实在诱人，我会在严格控制量的前提下有选择地适量介入。

另一个层面是，对确定性，仁者见仁，智者见智。同一个企业，不同的人和从不同的角度看，会得到不同甚至相反的结论。你怎么保证自己的看法一定比别人的正确呢？这个没办法，上帝给每个人安排了不一样的人生，你只能坚持自己的想法。

第二，投资人最可贵的品质是什么？

对知识和新技术充满好奇，善于学习、勤于思考是干事创业必须具备的优良品质，但我更加看中"坚持"这一条，即在正确的方向坚持的能力。群体无意识是常态，大多数人的判断一般是错误的，这一点在我所见的投资实例中被反复验证。与大众看法不同时，不仅要有

“虽千万人吾往矣”的胆略，还要有“泰山崩于前而色不变”的坚韧，两点同时做到不是件容易的事情。

股市中聪明人很多，他们有知识、有眼光、反应快，但在二级市场成功的案例我几乎没见到，其实是不能坚持耽误了他们。成功需要比聪明多一点，这一点就是坚持。

第三，用第三只眼睛看股市。

这第三只眼是“智慧眼”或叫“价值眼”。平常两只眼睛看到的东西没有价值，不能让你获利，让你赚钱的是看到现象背后的东西。这只无比珍贵的眼睛从何而来？它来源于知识的积累和优秀品质的培养。股市消磨的不是时间是人生，磨炼的不仅是赚钱的技能，也是人性。

34
贵州茅台的红旗还能打多久？

2019 年 4 月 29 日

每次看贵州茅台的股价走势图，我都有减仓的欲望。还好，我忍住了！以贵州茅台为首的蓝筹股行情已经走了 5 年多时间，按照 A 股的习性，早就该结束了，一大批坚定的“茅粉”也都“下车”了。但贵州茅台股价的上涨丝毫没有停止的意思，难道这次真的不同吗？

第一，A 股原来是沟渠，未来是大海。巴菲特说他的成功首先是因为他中了“卵巢彩票”，生在美国，那么我要恭喜各位，大家生在中国。小国的股票是不能长期投资的，因为小的经济体依附性强，纵深短，抗击打能力弱，好得快崩得也快。中国是全球第二大经济体，有完备的经济体系和全球最完整的产业链，有独立的货币系统和强大的外汇储备，避免了被“剪羊毛”的风险。在政策层面，开放被坚决、快速地推进，可以预见股市将要演绎一场“潜龙勿用”到“飞龙在天”的大戏！这是国家战略的组成部分，是“必然如此”的确定。海里面才能养大鱼，中国 14 亿人的市场，就是全球最大的“经济海”。

第二，贵州茅台现在是企业，未来是旗帜。A 股优质股的群体已经形成，并经过了经济周期的考验，如贵州茅台、中国平安、招商银行、格力电器、伊利股份、美的集团、万科等，还有未上市的华为、老干妈等，它们无论放到哪个市场，都符合优秀企业标准，都有能力参与全球竞争。贵州茅台具有多一层含义，它被打上了文化标签，与国家形象建立了某种联系，具备了货币属性，因此前途更加广阔。

第三，涨高了要抛吗？芒格说：有的股票涨多少我们都不抛，我们对优秀公司的态度是永远不抛。既然自诩价值投资者，总要有个把可以终生持有的股票，那就从贵州茅台开始吧。有谁愿意卖出会下金蛋的鸡呢？

贵州茅台的红旗能打多久？我觉得它刚刚打起来，万里长征才迈出了第一步。

35

你能看懂多少倍的贵州茅台？

——对贵州茅台商业特性的再思考

2019 年 6 月 28 日

思想能走多远，贵州茅台的股价就能看多高。很多人能看懂市值5000 亿元的贵州茅台，但面对 1.2 万亿元的贵州茅台，几乎所有人都说不便宜了。我觉得相对于其商业特质蕴含的价值，在这个价位，贵州茅台仍然是低估的。

贵州茅台的账被无数人仔细算过，价值也被很多聪明人说完了，本文中我将提供一个新视角。

贵州茅台本质上是精神类产品制造商，满足的是消费者的精神需求，而不是食品饮料类制造商，满足消费者的口腹之欲。这很好理解，谁也不会认为喝茅台是为了解渴和充饥。

人类经过工业革命，粮食、日用品都能大量生产，使其长期处于供过于求的状态。经济学告诉我们，稀缺才具有更高的价值，所以种粮大户、纺织大王成为商界明星的时代永远过去了。在这个时代，吃穿用已经得到充分满足，娱乐、刺激、与众不同的体验成为众人追逐的新目标，这些产品的提供者就掌握了打开财富之门的密码。钱钟书说，人的一生是被快乐骗着走的，盼望快乐来、盼望快乐留、盼望快乐再来构成了人一生的追求。茅台恰恰能制造快乐，所以需求是巨大的、永久的，商业价值自然就成了“长长的坡、厚厚的雪”。精神是非物质的，产品嵌入了一个人的精神就控制了他的行为。他在别的方面可以省钱，但喝茅台的钱不会省。

游戏、电影、歌舞、艺术品也是满足精神需求的产品，为什么就没有出一个像贵州茅台一样的公司呢？我的结论是茅台可以工业化、标准化生产，可以利用现代化物流体系大量供应，而电影这些文化产品，每一部作品都要经过创作，都只能满足一部分人的喜好，从赚钱的角度看远远比不上贵州茅台。

医药企业

入市以来，我一直比较偏爱医药股，2000 年前就重仓持有过同仁堂，之后还买过康缘药业、佐力药业、神威药业等股票，都获得了不错的收益。因为投资信立泰，我连续 4 年跟踪、研究、考察、思考，加深了我对医药股的认识，此后对创新药产生浓厚兴趣，并因此投资了亚盛医药、康宁杰瑞、和铂医药。在 A 股，医药股是个不容回避的特殊群体，它们具有共同的特点，优势是产品利润率高（毛利在 70%以上）、需求无限、市场不断扩大；不利因素也很明显，即政策对行业影响比较大，行业发展处于早期，因此存在很多弊端，企业获得和维持竞争优势需要巨额资金投入，一旦技术被超越或被替代，投资难以收回。如果以板块来计算，在医药股中产生的长期牛股最多，如同仁堂、云南白药、长春高新、通策医疗、鱼跃医疗、爱尔眼科、我武生物等，无一不是市场中闪亮的明星。最近几年我已经将医药股投资作为主要领域，以后这个偏好会进一步得到强化。我花费在医药研究上的时间超过其他任何一类公司，这也许可以作为我自己投资的“护城河”。

36

短期看亮点显著，长期发展之虞仍存[①]

——读科伦药业年报

2019 年 3 月 26 日

首先声明，本人不持有科伦药业，在可见的未来也不准备买入！

科伦药业是一家重要的公司，输液领域国内排名第一，总营业额在医药企业中名列前茅。2018 年科伦药业取得了非常亮眼的成绩，我最看重的有以下几点：

第一，公司业绩反转。营业收入 163.5 亿元，同比增长 43.00%；净利润 12.1 亿元，同比增长 62.04%；扣非净利润 11.13 亿元，同比增长 698.96%。

第二，公司增长高质量。重要产品毛利率有 7 ~ 15 个百分点的增幅，现金流量净额同比增长 145.47%，达到 29.5 亿元。主要产品提价。子公司伊犁川宁二期技改项目通过国家环保部验收，产能释放，实现销售收入 32.86 亿元，扭亏为盈，实现净利润 6.09 亿元。

第三，研发投入同比增长 40%，达到 11 亿元，在以制药为主业

① 本文在收入本书后做了数据更新。

的上市公司中算第一梯队。

第四，公司实现海外销售收入 7.3 亿元，同比增长 120.06%。

科伦药业的小股东看到这份年报一定非常兴奋，营收和净利润同时大幅度增长，符合市场偏好，股价自然会有好的表现。但公司的价值是多因素汇集而成，净利润增长是果不是因。菩萨畏因凡人畏果，股票亦然，我认为科伦药业存在以下长期忧虑。

第一，赚钱能力不强。科伦药业的两块主要业务大输液和抗生素产品规模都比较大，尤其前者，2018 年做到了 98 亿元，国内领先。遗憾的是，这两项业务的赚钱能力都很弱，毛利率平均才 60%，净利率在 10% 以下，显著低于药品生产平均水平，和化工企业的利润率差不多。

第二，研发效率不高。这几年，公司研发投入 30 多亿元，仅 2018 年就有 11 亿元。2018 年引进了 100 多名研发人才后，公司的研究人员达到 2000 人，其中 1000 多人有博士或硕士学位，在 A 股只有恒瑞医药等少数几个公司可与其比较。但同投入和人才不匹配的是，科伦药业的研发集中在仿制药，首创药物（FIC 项目）、新靶点开发、新机理验证和领先技术应用方面的布局显得薄弱，少数的尝试（如 ADC 抗体药物偶联物）进展也不快。

第三，企业文化有瑕疵。年报很少提及公司存在的问题，反复突出管理层决策英明，5 个核心竞争力不是研发，不是销售，而是管理层十分神勇。巴菲特对猴子当董事长也能赚钱的企业感兴趣，因此，投资者不需要太聪敏的管理人员，需要的是好商业模式、好价格以及管理人的专业知识和诚信，这方面科伦药业存在明显不足。

第四，公司负债比较多。长短期负债加债券有百亿元规模，应收账款也有几十亿元，价值投资者看到这些，早已意兴阑珊了。

补充说明：2018 年 5 月以来，科伦药业股价进行了一轮调整，已经从最高点的34.27 元下降到2021 年9 月30 日的17.97 元，降幅将近50%，在医药股中属于弱势。市场担忧仿制药集中采购和注射液集中采购对科伦药业的业绩产生影响，也对上文指出的4 点问题给出了赞同的答案。如果在研发效率、公司文化、重点项目上没有实质性改变，那么科伦药业就不值得关注，更不适合投资。

37
我对乐普医疗 2018 年财报的几点疑问

2019 年 3 月 26 日

读财报是股票投资者的主要工作，也是必备技能。好公司的财报应该是在真实数据基础上奉行审慎原则而编制，不应说过头话、没有事实依据的话，更不能出于个人和小团体的利益而粉饰报表。怎样才算审慎呢？说白了就是在财务记录上尽量以保守的方式展现，而不是夸大成绩回避困难；在信息披露上做到及时准确，并将最坏的结果披露，而不是仅呈现基于美好愿望的设想。乐普医疗很懂市场的关注点，其利用信息优势引导股价的目的非常明显。

第一，资金极度紧张却加大对外投资。

2018 年，乐普医疗的负债合计有 85.3 亿元，总资产负债率 56.5%，流动比约 1∶1，速动比约 0.8∶1，处于危险状态。乐普医疗对资金是极度渴望的，公司采取多种形式融资，抵押了几乎能抵押的所有资产。除了前几年实施的增发，今年开始又发行了两期每笔 6 亿元的中期票据，年化利率 6% 左右。公司申请了多笔抵押借款，抵押物为房屋、土地使用权、银行存单，甚至还有生产设备和价值仅 1 万元的专利权。虽然公司账上有22亿元现金，但因为抵押，大部分不能使用（从贷款公告和公司几乎没有持有理财产品可以看出）。公司全年对外捐赠仅400万元，远远低于同类型同等规模的其他公司。公司今年有超过22亿元的债务到期，将成为乐普医疗管理层要面对的一大难题。现金如此紧张的情况下，乐普医疗依然大手笔收购，2018年对外投资金额超过27亿元，固定资产投资、研发费用、管理费用、销售费用等支出也都有不同程度提升，其中市场费用增加7亿元，财报未作说明。

表37－1　2018年乐普医疗资产权利受限情况　　单位：元

项目	期末账面价值	受限原因
货币资金	223,373,292.22	承兑保证金及定期存款、冻结资金
应收票据	34,477,175.37	质押
固定资产	284,503,362.52	抵押借款、融资
投资性房地产	14,217,955.28	抵押借款
无形资产	733,065,111.78	抵押借款
长期股权投资	2,309,477,992.34	质押借款
长期应收款	300,000.00	融资租赁保证金
合计	3,599,414,889.51	

资料来源：2018年乐普医疗财报。

第二，关于一个记账方法。

在一笔作价10亿元的子公司少数股权收购中，将出价超出净资产的部分扣减资本公积而不是增加商誉，这虽然符合现在的会计制度，但在商誉本来就超过正常状态的情况下，这一做法更加令人警惕。还有一个市场长期关注的问题：年报显示，乐普医疗有18项长期投资，连续多年的收购积累了22亿元商誉，被收购的企业基本集中在互联网治疗、医院和心血管器械，经营困难。这几年开始的仿制药、医用耗材和支架的采购更加深了这些企业的经营难度，企业价值必然受到影响。相似的如信立泰，在支架没有中标后很快对商誉做了减值处理，将支架收购形成的商誉减值为零，而乐普医疗至今没有做类似的处理。

第三，财报的部分描述是否违规，值得探讨。

乐普医疗合并报表范围包括30家二级子公司，本身就已经很复杂，让人不放心。我看了一下财报的表述，更加怀疑其真实性。财报有如下描述："经过这几年的实践，公司战略和策略非常有效，保障了公司连续四年每年实现业绩30%增长。公司将与时俱进地安排各板块业务新的成长动力和开拓新的业务板块，继续保障未来5年甚至更长时间内业绩30%以上的增长。"

以上描述我认为有误导之嫌，最起码违背财报编制的审慎性原则，反映管理层好大喜功、言过其实的作风。这几年医疗行业在降价、控费、招标、集采、两票制、按病种付费等改革的影响下，多数企业日子难过，效益明显下降，可乐普医疗像一个具有金刚不坏之体的高手，丝毫不受影响，能继续高歌猛进，还要再高增长5年以上，令人难以置信。

补充说明：2018年后，乐普医疗定期报告显示，公司继续保持高增长，仅在受新冠肺炎疫情影响的2020年上半年例外。2020年，乐普医疗新的定向增发新股方案被否，随即公司提出新的可转债发行申请。2020年下半年到2021年6月，监管机构已经4次给乐普医疗发关注函和问询函，对其业绩的真实性、资金状况、收购、信息披露、管理层诚信等方面提出了多项非常尖锐的问题。

2021年10月30日，乐普医疗公布了季度财报，报告期内营收和净利润分别下降 1.64% 和 76.54%，第二天股票价格下跌 15%。

我注意到，新的《证券法》已经实施，不久前首例股东代表诉讼在康美药业案件中被受理。乐普医疗此时发布这份坦诚的季报，是否与该诉讼有些关系呢？

38

甘李药业2020年报简评

2021年4月16日

甘李药业是一家主要从事胰岛素类似物、原料药及注射剂研发、生产和销售的高新技术企业，2020年7月上市，这是上市后发布的第一份年报。我的评价是：质地优良、前景广阔、估值偏高、集采风险。

质地优良表现在三个方面。一是技术领先。公司自成立以来，长期坚持自主研发，立足糖尿病治疗领域，先后研发出多款三代胰岛素类似物产品，覆盖长效、速效、预混三个胰岛素功能细分市场。甘李药业是首家取得糖尿病第三代药物胰岛素类似物生产批文并已实现产业化生产的中国企业，目前在国内三代胰岛素市场中，除诺和诺德、赛诺菲、礼来公司三大外企之外，甘李药业的市场份额占比最大。2020年，公司门冬胰岛素注射液及门冬胰岛素30注射液先后获得上市许可，成为国内首家可以生产这两款产品的本土企业，打破了诺和诺德近15年在国内独占市场的局面。二是经营指标优秀。2020年，公司顶住新冠肺炎疫情造成的困难，完成33亿元营收，在国内上市的6家胰岛素生产企业中最高；销售毛利率90%以上，被市场调侃为

"胰岛素中的茅台"；公司研发投入5亿元，约占营收的15%，表现研发驱动型公司的特征；通过工艺改进，产品成本低于其他厂家，售价低于诺和诺德、赛诺菲、礼来公司约20%，竞争优势明显；公司建立了1400人的销售队伍；等等。三是创始人优秀。甘忠如先生是著名的学者和成功的企业家，他创办甘李药业的经历广为人知。

前景广阔也体现在三个方面。一是国内未被满足的市场空间足够大。2020年，全球糖尿病患者有4.27亿人，中国有1.1亿人，是排在高血压之后的第二大病种。我国胰岛素市场规模已有约250亿元，但参照发达国家的市场发展历程，仍有很大发展潜力。首先，我国糖尿病患者整体治疗率偏低，大量糖尿病患者尚未接受有效治疗，临床存在巨大未满足需求。其次，胰岛素治疗普及率低，国内糖尿病患者人均医疗费用和胰岛素使用量远低于发达国家水平。国际糖尿病联盟（IDF）研究统计，2019年中国糖尿病患者年人均医疗费用约为936.2美元，而在美国，该数字高达9505美元。二是国际化步伐坚实。公司自2005年起在东南亚、拉丁美洲、中东、北非、俄罗斯等三十多个国家和地区陆续建立国际化商业网络，并于2018年与国际制药企业诺华旗下的山德士正式签署战略合作协议，进军欧美市场。三是技术拓展成果显著。2020年门冬胰岛素注射液和门冬胰岛素30注射液成功获得在中国上市的批件，目前全球只有诺和诺德一家可以生产这两种产品。自主研发的GZR18已收到国家药监局下发的《受理通知书》，该药品为每周注射一次的胰高血糖素样肽-1（GLP-1）受体激动剂类药物，适应症包括2型糖尿病、肥胖及超重。首款小分子抗肿瘤化学药CDK4/6抑制剂GLR2007获得FDA批准进入一期临床，并获得孤儿药资格认定、快速通道审评资格认定。

好的东西都不便宜，这几乎是一个市场规律。甘李药业与信立泰相似，在一个大品种的慢性病领域居于领先位置，创始人优秀，团队合作良好，迈出了国际化的第一步，市场也给予这两家公司乐观的预期。2020 年，甘李药业营收 33 亿元、净利润 12 亿元，营收增幅 16%、净利润增幅 5%。

补充说明：2021 年7 月28 日，国家医保局网站发布新闻称，就胰岛素集中带量采购改革，召开工作座谈会，听取有关企业和行业协会的意见。8 月下旬发布了《国家组织胰岛素集中带量采购方案（征求意见稿）》，明确全国的胰岛素集采将在 11 月开始，明年执行集采中标结果。受此预期影响，甘李药业的股价已经从上市之初的 200 元以上跌到 80 元左右，值得重点关注。

39

被市场错判的优质投资标的

2019 年 9 月 1 日

2019 年 5 月，我写过一篇文章推荐神威药业，当时它经过一年左右下跌，从 18 港元跌到 7 港元附近。在我推荐以后，市场很快以更剧烈的下跌扇了我几个耳光。坦率地说，直到 2019 年 8 月 30 日中报公布前，我仍然忧心忡忡，怕判断失误，给看了文章的人造成损失；现在可以放心了。

2019 年中报显示：公司营业额达 1368280000 元，比上年同期增长 4.8%；毛利率 71.3%，而上年同期为 71.2%；期内实现净利润 287656000 元，比上年同期增长 11.9%；每股盈利 0.36 元，比上年同期增长 16.1%。这份中期报告一改神威药业几年来业务不振的状况，主要财务指标呈现明显的好转迹象。更为重要的是，通过这份报告可以确定，市场对神威药业或者说对全体中药企业的怀疑实际上是一种偏见，是明显的误判。而敏锐地发现误判、抓住机会，是做价值投资必须具备的基本功。

第一点误判：中药注射剂没有经过临床研究，不明机理和副作用，会受到临床使用限制直至最终退出市场。从神威药业几个注射剂在新版基本药物目录全部保留、限制放松可以看出，这个假设不会成为现实。注射剂经过再评价，优胜劣汰后，未来仍然可期。第二点误判：国家鼓励创新、大力引进国外高水平原研药，会放弃疗效和副作用不明的中药，中药前景没落。实际上中药有专门的法律保护，在基层有坚实的群众基础，在新版的基本药品目录中占到一半，国家支持中医药发展的态度是坚定的、长期的。同时，中药与西药一样，具备高毛利率的优势，而面临的竞争程度则比较温和，研发竞争的强度也小很多，在商业模式的评判中优于后者。如神威药业年销售额在 27 亿 ~ 28 亿元，研发投入 1 亿元不到，就能维持行业领先地位。信立泰销售额有 40 多亿元，研发投入高达 8 亿多元，处境依然不轻松。

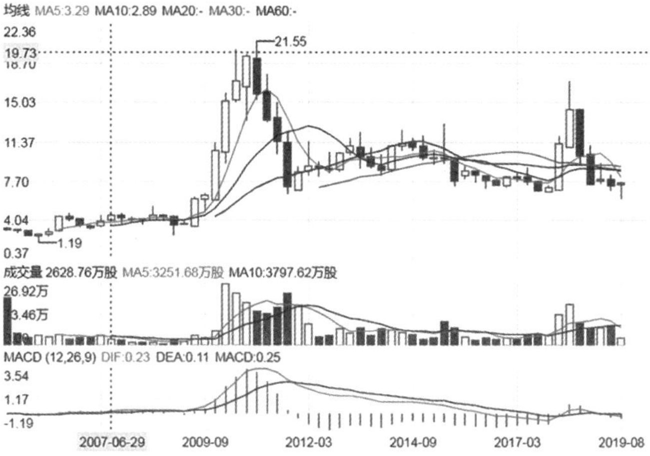

图 39－1　2007 年 6 月—2019 年 8 月神威药业股价走势

神威药业上市 14 年，共分红 29 次，加上这次累计分 3. 25 元，分红极为稳定。现在的股价如果去掉分红，基本与上市时相同。

神威药业 2007 年上市以来除了短暂的脉冲行情，股价基本运行在下降趋势之中，因此上市就买入持有到现在，并不能算一笔很好的投资。造成这个结果的原因有两个：第一，神威药业上市到如今的这14年，是医药行业变革最为剧烈的时段，经历了长时间药品降价和由销售驱动向创新驱动的转型，而转型是需要支付成本和花费时间的。第二，市场对中药特别是中药注射剂存在怀疑，由此形成的偏见将股价压到极低值。2019年8月中上旬出现的4.76港元的价格，估计格雷厄姆看了也会从棺材里爬出来建仓。持续几年的行业整肃效果明显，早已让假的、骗的、邪门歪道的公司现出原形，留下来的好公司比例非常高。市场的偏见造成极度低估的股价，一个71%毛利率、年销售额近30亿元的医药股，扣除现金就值10亿元吗？这样的股票请给我来一打。

40

对2020年神威药业中报的看法

2020年9月23日

现在恐怕很少有人关注神威药业了，这也不奇怪，一家上市后基本一直跌、跌十年的公司，谁还能对它保持长久的兴趣呢？我有2%仓位的神威药业，本着对每分钱负责的态度认真读了中报，值得注意的有以下几个方面。

业绩：营收同比下降13%；利润同比下降11%；注射剂占比进一步下降，占营收的44%，利润占比在30%以下。二季度口服液恢复增长，7月增长更加确定。预计全年营收略增，利润有5%左右增幅，全年净利润不会低于5亿元。配方颗粒经谈判进省医保，单价下降，销量保持高增长势头，新增医院和基层医疗机构进展顺利。现金存款利息收益半年有7000万元，同比略有增长。

资产和负债：公司账面现金及现金等价物合计43.8亿元；贷款6.1亿元，贷款利率2.5%左右；现金和现金等价物合计扣除贷款，折算到每股为4.6元，约5.6港元；有票据贴现，可能是因为利息较低和维护地方关系才进行了多余的财务操作；每股净资产7.8元；有

100 多个药品专利，其中 20 多个药进入国家医保目录和国家基本药物目录。

股份：公司的股权激励计划还在实施，上半年买入 700 万股，均价 5.7 港元，该计划到现在一共收集了 7000 万股。

市场对神威药业的担忧，起先来自于对中药注射剂和辅助用药的限制，在注射剂营收占比降到 40% 后已经得到缓解，现在主要是针对预计要开展的中成药和注射剂集中带量采购，我预感情况不会如市场预期的那么糟糕。神威药业上市以来分红稳定，每年一般实施年中和年终两次分红，最近几年每年分红合计约为 0.33 元/股，以每股 5.5 港元的现价计算，分红收益率税前约 7.2%，非常诱人。

综上分析，我的策略是：5 港元以下加仓，作为现金替代品留存，最高持仓不超过 10%。

41

迎接新朋友：亚盛医药－B

2021 年 3 月 1 日

入市 28 年来，我长线持有过的股票只有 14 只。每个阶段的持股对应着我对股票市场的认识和思考，变化很大。现在，我要正式地接纳一个新朋友，它将成为这个名单上的第 15 只，它就是亚盛医药－B，目前持有市值占我总仓位的 2%。贵州茅台和信立泰，合计占仓位的 98%。

亚盛医药－B 与其他的 14 只都不同，它是按香港 18A 规则上市的股票，是一个成立时间不长而且连续亏损的创新型医药企业。我是第一次买入这样的股票。

2015 年以后，随着港股通、深港通的开通和外汇管理制度改革的深化，A 股资金结构发生了重要变化，国外主权基金、保险资金、私募股权基金等国际主流资金不断流入，同时带来了新的投资理念。以贵州茅台、招商银行、中国平安、格力电器、万科为代表的一批优质传统企业迎来了 5 年之久的价值发现期，股价涨了 3 到 15 倍不等。虽然以未来现金流折现对企业估值永远不会过时，但遵循这套标准在目前的市场已经很难找到收益风险比较高的标的。另外，互联网企业如京东、阿里巴巴、腾讯、拼多多、美团等快速发展，给投资人带来丰厚回报的事实也给了我深刻的启示：企业价值的评估在现金流折现之外，也许有更加重要的因素。这些因素对部分类型的企业，甚至是主要的指标，或是具有明显先行特征的指标。

归根到底，人类最爱的是自己，因此，健康医疗会成为未来最大的行业。我们将资金向这里集中，方向一定是对的。下一个问题，也是最关键的问题，为什么是亚盛医药－B？以下为亚盛医药在研发和创新方面的简要介绍，引自公司的公告或相关新闻报道。

亚盛医药拥有自主构建的蛋白－蛋白相互作用靶向药物设计平台，处于细胞凋亡通路新药研发的全球最前沿。公司已建立8个已进入临床开发阶段的小分子新药产品管线，包括抑制 Bcl－2、IAP 或 MDM2－p53 等细胞凋亡路径关键蛋白的抑制剂，在细胞凋亡3个热门靶点全布局。目前公司正在中国、美国、澳大利亚及欧洲开展40多项一、二期临床试验。公司先后承担多项国家科技重大专项，其中“重大新药创制”专项5项，包括1项“企业创新药物孵化基地”及4项“创新药物研发”，另外承担“重大传染病防治”专项1项。用于治疗耐药性慢性髓性白血病的核心品种 HQP1351 已在中国递交新药上市申请，并获纳入优先审评和突破性治疗品种。该品种还获得了美国 FDA 审评快速通道及孤儿药认证资格。截至目前，公司共有4个在研新药获得12项 FDA 孤儿药资格认证，国内第一。

2021年6月8日公告，公司在第57届美国临床肿瘤学会（ASCO）年会上，以口头报告形式公布了 Bcl－2 抑制剂 lisaftoclax（APG－2575）在复发/难治型（R/R）慢性淋巴细胞白血病/小淋巴细胞淋巴瘤

（CLL/SLL）和其他血液恶性肿瘤患者的首次人体试验最新数据，另有5项研究以壁报展示。

亚盛医药由细胞凋亡领域研究领导者杨大俊和王少萌及资深科学家郭明联合创建，技术得到美国密歇根大学王少萌研究室支撑。

基于以上公开信息，我对亚盛医药的总体评价如下：

首先，估值不贵。亚盛医药-B 2019年9月上市，新股发行价34港元，与现价相当。这段时间市场对创新药反应热烈，同时上市的同类企业股价早已起飞。2020年亚盛医药实施2次增发，价格是46港元和44港元，共筹集18亿港元，现在的股价是最高增发价的7.4折。现在的亚盛医药比上市时要好太多了，HQP1351已经于2020年6月提交上市申请，最迟2021年四季度会得到批准。一般而言，拥有一个上市专利药的企业在A股的估值不会低于80亿元，所以亚盛医药-B的股价仅仅反映HQP1351的价值，其他等于白送。

其次，创新成色十足。孤儿药（Orphan Drug）实际上就是罕见病用药。世界卫生组织（WHO）将罕见病定义为患病人数占总人口0.65‰~1‰的疾病；在美国，罕见病是指受影响病人在20万人（限于美国）之下的疾病，根据FDA的孤儿药法案，孤儿药可以获得快速审批、减免税费、免除申报费用、研发补助和七年的市场独占权。亚盛医药已经获得12项FDA孤儿药资格认证，是国内获得此资格最多的企业，在全球医药生产史上排第二位。除此之外，在研产品还获得FDA快速审评和CDE优先审评资格，最近HQP1351又被CDE认定为突破性疗法。联合创始人王少萌教授是细胞凋亡领域研究的领先者，具有国际声誉；创始人杨大俊学术经历完整，功底深厚。

最后，差异化优势明显。目前新药研究的主要问题是低水平重复开发、热门靶点资金扎堆和基础研究落后等，造成资源和人力浪费。如国内已经有6款PD－1产品获批，在研的三期临床项目还有80个，其中仅阿达木单抗生物类似药就有十几个上市和在研。PD－1的年用药费用从十几万元下降到5万元以内，最新上市的康方生物的PD－1产品算上赠药报价仅2.98万元/年，价格竞争已经陷入白热化。亚盛医药专注小分子药研发，走孤儿药认证路线，在A股、美股、港股上市的几十家国内创新药企业中独树一帜，非常聪明。

小分子药物一直是新药研发的主力军，2005年前FDA批准的新药中小分子药占90%，2020年仍然占70%。相对大分子抗体药物等生物技术，小分子药物有如下优势：

（1）大部分小分子药物可以口服，给药方便。（2）小分子药物能很好地作用于细胞内（包括细胞核内靶点）与细胞外的靶点。（3）部分小分子药物能通过血脑屏障，可用于脑部疾病治疗。（4）小分子药物对储存环境的敏感性相对较低，储存运输方便。（5）几乎没有免疫原性。（6）小分子药物相对更容易实现差异化，这受益于小分子药物众多且相对成熟的靶点，同时针对小分子进行的微小改动往往能收获意想不到的良好效果（如代谢改善、选择性提高、毒性降低等）。随着PROTAC（蛋白降解靶向联合体）和分子胶等技术的日渐成熟，小分子药物呈现更加广阔的发展空间。①

补充说明：创新就意味着风险，亚盛医药也不能幸免。如果主要项目失败，公司同样会遭受重大损失，严重的会整体延缓管线推进进

① 参考了康橙投资的相关研究文章。

度。2021 年 3 月 4 日，百奥泰生物宣布研发的 BAT8003（注射用重组人源化抗 Trop2 单克隆抗体 – 美登素偶联物）和 BAT1306（重组人源化抗 PD – 1 单克隆抗体注射液）终止临床研究，股价受到冲击。这样的事在亚盛医药 – B 身上也有可能发生。

42
再鼎医药调研纪要

2021 年 3 月 31 日

在杜莹博士创立和记黄埔医药（上海）有限公司之前，国内在企业层面，除了中药之外，新药研发的工作几乎是空白，即便有，也是零星的、不成系统的、非前沿的。最近几年，医药研发的面貌大变，而且这种改变突然且彻底。从企业看，百济神州、信达生物、再鼎医药、药明生物和药明康德等横空出世，加入与恒瑞医药、石药集团、中国生物制药、翰森制药、扬子江药业等原有市场主导势力的竞争，分享市场份额。**从政策看**，国家有关部门出台新药注册、审评新规则，极大缩短了注册时间，使依靠创新驱动成为可能的发展路径。至今全国范围已经开展 5 轮仿制药和支架集中采购，2021 年 11 月将进行胰岛素集中采购，中药集中采购也已经提上议事日程，有效地改变了医药市场的格局和风气，将满足临床需求确定为唯一的目标，彻底改变了长期存在、危害极大的以销售为主导的发展模式。**从资本看**，高瓴资本一家在国内医药企业的投资就超过了 1200 亿元，投资企业总数不下 20 个，药、械全赛道覆盖。**从估值看**，股市对创新药企报以巨大热情，给以高估值，创立十年左右的很多企业，如以上列举的几家，市值都超过千亿元。

再鼎医药是国内创新药赛道中耀眼的明星，我关注创新药以来就开始跟踪它。2021 年 3 月 29 日下午，在雪球社区的精心组织下，我参加了对再鼎医药的调研活动，与其他 20 位“球友”、券商研究员一道，走进再鼎医药，感受创新。下面我从三个方面介绍一下本次调研的收获。

第一，过程。再鼎医药有 1200 名员工，在旧金山、北京、上海、广州、苏州、香港设立商业机构、研发基地或工厂，此次的调研地是上海基地，位于张江高科技园区。在年轻的王博士引领下，调研从现场参观开始，我们看了办公室、实验室，然后在大会议室座谈。座谈会由传播部陈总监主持，王副总裁开场致辞，然后是一位女士介绍公司整体情况，最后是调研的核心部分——调研人员自由提问，全程由王副总裁作答。

第二，内容。再鼎医药目前已经有 2 个产品在大中华区上市，2 个产品获得优先审评资格，21 个产品及候选药物，其中 11 个处于临床阶段。这些资料在年报和其他公开信息中有披露，不再赘述。我重点将提问部分的内容归纳如下：

问：恒瑞医药的氟唑帕利胶囊 2020 年 12 月已经上市，其与贵公司当家品种则乐（甲苯磺酸尼拉帕利胶囊）同靶点、同适应症。则乐有哪些优势？面对强劲的对手，公司将如何应对？

答：则乐是同类最优，是第一个在中国获批的卵巢癌一线用药，可单药用于全人群患者和复发卵巢癌维持治疗，无须考虑患者生物标志物状态如何，并且已经纳入医保。恒瑞医药是非常成功的公司，但它的这个产品属于三线用药。

再鼎医药的销售现在由梁总负责，虽然受到新冠肺炎疫情影响，但公司仍在短期建起了近600人的商业化队伍，2个产品进入医保。则乐2020年在国内的销量超过全球第二大市场日本，充分展现出团队超强的战斗力。

问：公司以成为全球领先的生物制药公司为愿景，但公司目前上市产品全部来自药品权益交易（BD）。在自主研发上公司有什么计划呢?

答：公司创始人杜莹博士是国内最早致力于创新药的科学家，是少有的连续创业连续成功者。我们的科学家团队具有国际大公司的工作经历，有很强的专业背景和创新能力。在起步阶段，公司将重点放在协作和权益引进，是因为这样做时间短、见效快，但长期目标一定会将自主研发放在重要位置。目前公司已经有所布局，有7个产品已经到临床阶段或接近这个阶段。

问：公司选择BD项目有什么原则？BD和自主研发的关系是什么样的呢?

答：最先上市、商业化前景、和已有产品的协同效应是公司选择BD的原则。产品的差异化优势主要来源于同类最优或最先，协同也是重要因素，如最近公司引进的一款PD-1产品，数据不是最好的，但协同好。

BD与自主研发是相辅相成、相互促进的关系。好的研发团队对项目有不同的理解，在眼光上有优势，比如艾普顿，当初很多人不看好，但这个项目很成功，这样的例子还有很多。另一个方面，大公司、好的产品在选择落地团队时也很挑剔，它们更愿意与拥有资深科学家的团队和临床能力强的公司合作。

问：目前市场给创新型公司的估值很高，如再鼎医药已经千亿元左右，而我们这样的公司每年研发投入巨大，股东难以通过分红获得回报，公司怎样看这个估值和现象呢？

答：这几年新药创新公司市值上升比较大，我们认为是合理的。我们可以跟日本做个比较。日本原来也是由传统医药主导的市场，通过转型出现了武田、第一三共、大冢、安斯泰来等具有世界级声誉的公司，而中国市场的规模超过日本，甚至会超过美国，一定会出现世界级大公司。再鼎医药目前只有 2 个产品上市，随着管线的推进会慢慢做起来，在国内应该是在第一梯队。

问：现在很多企业成立了 BD 团队，在寻找项目，公司怎么保证继续以合理的价格拿到好项目呢？

答：创始人杜莹博士长期在创新药领域耕耘，有三次创业成功的经历，在业界有良好声誉。权益售出方不光看价格，还要看接受方的能力。能帮助产品快速落地、取得较好的临床数据的团队会得到优先权。公司与辉瑞制药、安进等有长期合作关系，彼此建立了信任，这几年都是产品方找上门，因此我们不担心此类竞争。

问：公司自主研发的原则是什么？

答：追求首创，同类最优、最先。

第三，调研想法。

纸上得来终觉浅，一点也不错，实地调研会感受到更深层次的东西，有些内容是写不出来的，但这些可能成为你决策的关键依据。

我对新药创新产生兴趣已经有三年多时间了，通过这次调研，我更加认可了一个看法，即创新药企与传统药企之间，差别最大的不在于产品究竟是中药、仿制药，或是小分子、大分子，也不是技术的优劣，而是人以及由人的教育背景、认知、眼界不同而带来的公司目标、内部组织结构、行为风格的不同。

43
康宁杰瑞能否带来“宁”“瑞”？

2021 年 4 月 21 日

康宁杰瑞制药 - B 是 2019 年 12 月在中国香港上市的带 B 字股票，B 是表明亏损，甚至无产品、无营收，这类公司以前达不到上市门槛。2018 年香港证券法添加 18A 一章，允许亏损的生物医药公司上市，掀起一轮内地初创研发型生物企业赴港上市热潮，目前已经有 40 多家这类企业在港上市成功。康宁杰瑞上市后股价萎靡，从 2020 年 5 月开始调整，由 24 港元跌到了 10 港元附近，在创新药公司普遍被市场热烈追捧的氛围中格外显眼，因此引起我的关注。

这是一家中国领先的临床阶段生物制药公司。公司创建了具有自主知识产权的生物大分子药物发现、研发、生产技术平台，包括蛋白质/抗体工程平台、抗体筛选平台和多功能抗体开发平台，具有开发各种蛋白质结构单元和以结构为导向的蛋白质改造能力。创始人徐霆博士是一名多产科学家，自 2011 年起其已为 100 多项专利做出贡献。公司团队在 *Cancer Cell* 及 *Immunity* 等期刊发表了 14 篇论文；在全球范围拥有或共同拥有 23 项候选药物及技术平台相关的专利权益；拥有预期产能超过30000L的新生物药生产设备。

管线方面，KN035于2020年11月16日提交注册申请，被CDE授予优先审评资格，预计2021年底上市。公司自主开发的PD－L1/CTLA－4双特异性抗体KN046已在澳大利亚及中国开展大约20项涵盖10多种肿瘤的临床试验，最快的已经到三期，已初步显示具有良好的安全性及可观疗效，有成为相关癌症治疗基石药物的潜质。2021年6月7日，康宁杰瑞制药－B宣布，在美国临床肿瘤学会（ASCO）2021年会上以壁报形式公布了PD－L1/CTLA－4双特异性抗体KN046联合铂类化疗治疗晚期非小细胞肺癌患者的二期临床研究数据。KN046和KN026（HER2双特异性抗体）的三项临床研究数据，在9月16—21日举行的2021年欧洲肿瘤内科学会（ESMO）线上年会上以电子壁报形式亮相。2020年12月，FDA对治疗HER2阳性或低表达胃癌或胃食管结合部癌的KN026及KN046联合疗法授予孤儿药资格。2021年8月24日，康宁杰瑞生物制药全资子公司江苏康宁杰瑞生物制药有限公司与石药集团全资附属公司上海津曼特生物科技有限公司就康宁杰瑞自主研发的抗HER2双特异性抗体KN026签订了在中国内地的开发及商业化授权协议，总交易金额为10亿元，以及两位数百分比的销售提成。

我试图找到股价持续下跌的原因，在雪球社区发了一条消息，引起了热烈讨论。我的帖子中提出康宁杰瑞主要有如下几个硬伤：（1）上市公司与苏州康宁存在关联交易，而苏州康宁也是徐博士创立和任董事长的企业，权益确定让人不放心。（2）前期合作的公司并非国内一线药企，国际合作进展落后（现在已经改善）。（3）KN046临床数据并不够令人震撼，开那么多联用临床是否有必要性。（4）双特异性抗体药物是否能成为新药研发的一个重要方向仍不确定。(5)后续管线单薄。针对我提出的5点内容，网友 momage 的评论最有说服力，其观点如下：(1)苏州康宁至今一个创新药管线都没有，公司法人都不是徐霆，和上市公司江苏康宁杰瑞边界清晰。(2)之前的合作公司不够优质吗？其中包括正大天晴的凝血因子、恒瑞制药和信达生物的 PD-1 等（全国 70 多个生物药，一半来自康宁杰瑞），这些或许都确实不够优质（苦笑），但请不要拿着这些东西和礼来合作的时候就忘记了源头（指信达生物与礼来的合作）。(3)如果说 KN046 的数据并不令人震撼，那何为震撼？如果周彩存教授口中所称的“将改变未来肺癌治疗格局的药”被你视为“并不令人震撼”，请问何为震撼？(4)双抗能否成为新药研发的重要方向，请看恒瑞制药和信达生物等在怎样布局就知道了，产业已经用行动做出了回答。(5)后续产品单薄的论断，请问你是想让其他生物制药企业羞愤自尽吗？不止双抗，康宁杰瑞的下一代抗体管线都已经在研发过程中了，整整领先产业一个身位的优势。

除了情绪之外，我认可他（她）大部分的看法。

2021 年 8 月 9 日荣昌生物 - B 公布了其与 Seagen 公司达成协议，将自主研发的 HER2 抗体偶联药物（ADC）维迪西妥单抗海外权益以首付 2 亿美元、里程碑最高 24 亿美元并享受销售提成的价格授予对方，使抗体研发的价值得到进一步确认。

中国在创新药研制方面与美国的差距要大于芯片。这几年国内创新环境得到极大改善，政策、资本、人才储备也逐渐到了一个爆发的临界点，出现了创新型公司涌现的壮观场面，这是一个令人振奋的现象。康宁杰瑞制药是这次创新大潮中重要的一员，在技术上具有非常独特的价值。但是，像很多初创公司一样，它身上或多或少存在各式各样不尽如人意之处。我的态度是，可以理解，投资创新不能有道德洁癖，要更懂得包容。

在写这篇文章后不久，我在10港元附近买入了康宁杰瑞制药-B股票，占总仓位的2%左右，其成为继亚盛医药后我的第十六只长期持有股。买入后即开始上涨，3个月涨幅超过180%。

44

50亿港元的和铂医药-B是否被低估？

2021年10月24日

和铂医药-B是根据港股18A规则上市的研发驱动型公司。它成立于2016年12月26日，2020年12月11日上市。和铂医药-B专注于新一代抗体药研发，与康方生物-B和康宁杰瑞制药-B一样，是国内领先的抗体药研发企业。香港股市的“市场先生”比A股更加疯狂，康宁杰瑞制药-B市值约166亿港元，康方生物-B市值约379亿港元，而和铂医药-B的市值约50亿港元。这是机会还是陷阱呢？另外，和铂医药-B特有的全人源抗体平台具备怎样的特殊价值？全球首个进入临床的新一代抗CTLA-4抗体的临床优势有哪些？公司差异化管线的前景如何？我一直在探索这些问题。

10月22日，在雪球组织的“走进和铂医药”的调研中，我得到了大部分答案。和铂医药上市还没满一年，公开的文字资料不多，仅凭读这些资料，投资人很难深入了解企业，而通过实地调研，可以弥补文字资料不足的缺陷。

本次调研的相关内容以及我的思考，总结如下。

第一，具有全球专利的底层技术平台。

和铂医药的全人源抗体平台是全球稀缺资源。抗体开发已经经历了鼠源（100% 鼠蛋白）、嵌合抗体（30% 鼠蛋白）、人源化（5% ~ 10% 鼠蛋白）和全人源（全人蛋白）4 个阶段，获 FDA 批准上市的全人源药约 70% 由全人源转基因鼠技术开发。目前和铂医药平台已经得到超过 45 位行业和学术合作伙伴的验证，9 个产品已经进入临床阶段，200 个以上的内部、外部项目基于平台展开工作。其中全人源正常抗体 H2L2 具有高效可靠（无须人源化改造）、成药性好（小鼠体内免疫，自然选择进化）、安全性好（低免疫原性）的特性。全人源重链抗体 HCAB 具有稀缺性（唯一全人源重链抗体小鼠平台）、灵活性（应用广泛）、穿透性（尺寸小、对组织易穿透）等特性。全人源双抗免疫细胞转接器 HBICE，具有独特且已得到验证的双抗机理。全球范围只有 Teneobio 公司有相似的全人源重链抗体平台，2021 年该公司以 25 亿美元的总价被安进公司收购。

第二，具有全球竞争力的差异化管线。

公司有 2 项资产临近商业化，7 项在临床阶段，8 项接近临床开发。其中巴托利单抗对自身免疫疾病更有效，更具差异化优势，获得 CDE“突破性治疗”资格。具体优势为：（1）疗效显著。可有效清除致病性 lgG。（2）安全性高。免疫原性低，不易导致炎性反应，主要副反应皆为轻度和中度。（3）治疗方便。固定剂量可装注射器，患者依从性好。

特那西普对成人干眼症具有良好的有效性和耐受性。目前对干眼症没有有效的治疗方案，只有环孢素一款获批治疗干眼症的药物，自体血清、促分泌、全身抗炎既昂贵又不完全对症。公司自主研发的重磅品种 HBM4003 是全球首个进入临床的全人源重链抗体，是 CTLA－4 新一代产品，剔除肿瘤内部调剂性 T 细胞的创新作用机理已经通过临床前和临床数据验证，在一期临床和联合化疗临床中表现出令人振奋的有效性和安全性。

第三，顶级的科学家团队。

创始人王劲松博士曾是赛诺菲中国研发中心总裁、亚太地区转化医学负责人，哈佛医学院主治医师，中国抗癌协会肿瘤精准治疗专业委员会常务委员等。公司首席产品开发官、财务官、技术官、平台负责人、药物发现负责人都具备国内外名校教育背景和国际大药企任职履历。公司科学顾问专家委员会由 7 名行业内顶级专家组成，其中 Frank Grosveld 是英国皇家科学院院士、荷兰皇家艺术和科学学院院士，Harbour Mice 平台的发明人。Robert Kamen 是“药王”修美乐的发明人之一。Peter Moesta 曾负责修美乐、Yervoy、Opdivo 等重磅药物的开发、生产与全球上市。和铂医药有 230 名员工有博士/医学博士学位，占总人数的 70%。

第四，优秀的企业文化。

调研过程中我注意到，高管与创始人、高管之间互称某某博士，而不是常见的董事长、总裁、总经理。在场高管对企业文化的表述可以用以患者为中心、肩负责任、相互成就、相互尊重来概括。他们表现的认真、踏实、尊重科学、勤奋的做事态度，以及聚集几百个业界精英的现实，很好地诠释了他们对公司文化的定位诚实可信。

几年来，我国制药行业发生了翻天覆地的变化，一大批像和铂医药一样的创新型企业破茧而出，在小分子、抗体、基因编辑、小核酸等领域全面向前沿技术发起挑战，推进国际化，形成了蔚为壮观的发展局面。我相信这是一个重要的历史时期，是一个创新大时代的开始。经过他们的努力，未被满足的临床需求不断得到满足，患者获得切实的巨大利益。在此祝创新者顺利，获得成功！

其他行业

在贵州茅台和医药股之外，我涉及其他行业的股票不多，维信金科是参加雪球社区调研后的“作品”。除此之外，按时间顺序我还买过申华控股（原申华实业）、宝钢股份、雅戈尔、宁波港、民生银行、涪陵榨菜、招商银行、中远海运国际和大元泵业等。

特别要提一下雅戈尔，这只股票作为我的主要持仓，我拿了8年之久，伴我经历了入市以来最长的熊市。这8年是我生活、学习、工作重要的上升期，因为雅戈尔的介入平添了暗淡和波折。可喜的是2015年的大牛市帮我以喜剧形式结束了这次投资。通过8年在重压下的持续学习、反思，我收获了对股市新的认识，接下来就遇到了落难中的贵州茅台。

45

维信金科调研纪要

2019 年 9 月 9 日

巴菲特说：买入的最佳时机是优质公司被抬上手术台的时候。我认为这是非常聪明的投资策略。价值投资者是一群看热闹不嫌事大的人，哪个行业或公司遇到了麻烦，他们就会像鲨鱼闻到血腥味一样一拥而上。

最近一两年，互联网金融行业遇到了惊涛骇浪。P2P 跑路、熟悉的公司突然消失，市场风声鹤唳。互联网金融公司的商业模式是否走得通？是否到了可以捡漏的时候？哪家公司更有价值？带着这些问题，2020 年 9 月 6 日下午，我与来自青岛、成都、上海的其他 3 位投资人一起，在雪球社区的安排下，到维信金科公司调研。

首先要声明：我不持有互联网金融企业股票，因此对行业和相关公司的研究不深，差错在所难免。

本次调研，从企业处主要获取了如下信息：

第一，互联网金融的目标人群永恒存在，这一点不要怀疑。互联网金融的客户 80% 在 20～35 岁，三分之一来自城镇，具有风险高、触达难、成本高的特点。银行、信托、保险、证券等其他类型企业都较难触及他们。在银行体系，科技是服务手段，而互联网金融视科技为带动引领的力量。在中国，互联网金融的爆发式发展主要有两个原因，一是国内人均 GDP 已经超过 1 万美元，政治经济稳定，人们对未来充满信心；二是智能手机的普及，瞬间激发巨大的市场需求。互联网金融只有十几年的历史，是新的商业模式，因此监管是在追赶行业的发展，从无到有，再到健全，每一个过程都不可省略。可以预见，经历风波后，行业将长期稳定发展，空间巨大。

第二，对金融要有敬畏之心，维信金科做到了。创始人廖世宏在中国香港上大学，毕业后赴美国深造，之后又回到中国香港某大型银行就职，负责国内对公业务，对业务非常熟悉。他始终认为，金融是有门槛的，并且需要监管，从业者要常怀敬畏之心。这一点说说容易，100% 做到很难，特别是面对各种诱惑的时候。维信金科 2003 年成立，坚持做无抵押消费金融，2008 年开始与外贸信托合作，是内地第一个吃螃蟹的企业。2014 年 7 月实施全自动工厂化的信贷模式，2015 年 3 月上线手机消费信贷业务。2006 年前，每一笔贷款都要人工审核，线下有 5000 名员工，每月放款只有几亿元；现在每天放款 1 亿多元，全年总额 830 亿元，职工只有 700 多人。维信金科在主要互联网平台分装建模，根据得分将客户分为 6 个等级，完成助贷和撮合共 4 种业务。维信金科有两个小贷公司和一个担保公司，注册用户 7400 多万，实名认证的 5100 多万。因为对金融抱敬畏之心，维信金科拒绝了房地产行业 20% ~30% 的稳定收益率、P2P 的“无限资金池”和校园贷的“优质”客户的诱惑，确定了不追求规模、注重风险控制的发展战略。在高风险行业行得稳才能走得远，“剩”者为王。

通过调研，我的观察和思考如下：

任何商业活动都隐含风险，投资最重要的事是识别和管控风险。在风险高的行业，我倾向稳健的公司，以获取行业平均利润；在稳定的行业，我关注有创新精神的公司，追求超过行业平均的收益。维信金科的2020年半年报显示，上半年总收入18.6亿元，同比增长46.4%，其中，贷款撮合服务费同比增长901.9%至5.73亿元。经调整净利润为1.93亿元，同比增长101.6%。上半年合作的持牌金融机构新增15家，目前已达45家。在场景端，已与中国电信、中国移动、中国联通三家电信运营商建立了战略合作关系；2019年上半年，又继续深化扩展与中国电信的合作，范围推广至全国25个省228个城市，实现新增信贷金额4.7亿元，是2018年全年实现量的3.12倍。另外，公司现金及现金等价物为18.9亿元。2019年6月，公司还成功发行1亿美元优先票据，成为中国率先公开发行海外债券的线上消费金融企业。

补充说明：2020年以来，在美股、港股上市的互联网金融类股票大部分出现了上涨，已经有4家股价超过了发行价，其中趣店（纳斯达克上市）上涨86%。在港股上市的维信金科，2020年上半年业务发展顺利，结构更加合理，财务稳健，现金充沛，而股价只涨30%多一点，仍然在发行价之下。市场先生给出了诱人的价格，但是投资都有风险，对维信金科而言，我们要思考如果互联网三巨头来争夺这块业务，公司是否还能做到三分天下有其一。

46

市值低于净现金，中远海运国际是否值得买入持有？

2019 年 9 月 12 日

市值低于账面净现金是很难见到的，即使在 1930 年那个著名的美股大熊市也不多见，价值投资的开山鼻祖格雷厄姆把这种情况比作买房送保险柜，保险柜中的钱比房款还多。港股中远海运国际就是这样一只破净股，据 2018 年年报，公司账面现金 63 亿港元，负债 11 亿港元，现金减负债有 52 亿港元。2017 年 8 月 31 日收盘市值 43 亿港元（2020 年 3 月最低到 23 亿港元）。这种情况下是否应该闭眼买入等待价值回归呢？我劝见者三思而行，理由有三：

第一，公司对现金是否具有完全所有权，存疑。这笔现金的归属在法律上不存在争议，在实际运营中是否受到外部控制则很难说。这笔现金是公司出售房产、子公司所得，一直放在账上，已经 7 年没有动过，任何负责任的管理人员只要有一点经济常识就不会这样糟蹋资本，此一疑。公司有 63 亿港元现金存款，利息 2.5%，却以更高的利息（3.2%）贷款 11 亿港元，不符合基本的商业逻辑，此二疑。明明股票被极度低估，几年来管理层不闻不问，更没有一个人增持，此三疑。

第二，公司业务前景黯淡。2019 年，公司业务利润下降 20%，经营活动净现金流为 0，扣除 1.8 亿港元存款利息收入，净利润 1 亿港元左右。公司收入 95 亿港元，毛利率只有 6%，已经到了亏损边缘。主营船舶贸易代理服务和涂料业务受航运业低迷和成本上升、环保要求提升等因素影响举步维艰，公司也没有拿出有力的应对之策，2020 年主营业务大概率亏损。

第三，管理层麻木不仁。公司管理层无视小股东利益，没有采取措施保护投资者利益，即使在口头上也没有。公司经营困难、业绩下降，管理层没有道歉，也没有采取切实可行的措施；相反，管理费用增加 20% 以上，我严重怀疑是提高了工资待遇。

香港股票市场是成熟的，市场已经给 63 亿港元现金打了折扣。2018 年公司分红已经降低，如果 2019 年再降，股价一定会继续寻底。

补充说明：2021 年以来，因新冠肺炎疫情影响，海运周期反转，以集装箱为例，单箱运费最高涨了 10 倍。相关公司股票出现大幅上涨，而中远海运国际的股价（2021 年 8 月 30 日）也不过刚刚回到我 3 年前的抛出价附近。

47
谈谈雅戈尔：投资世界的轮回只需13年

2020年12月28日

40年前，雅戈尔的前身青春服装厂与江浙大地涌现的千万乡村集体企业和城市街道小厂一样，举步维艰。是李如成单身远赴东北，赢得客户的信任，获得几万元的大订单，才救企业于水火。老李成为当家人之后，总是能得到强大商业伙伴的信任，建立有利于己的合作关系，从而率领这个小厂不断发展壮大。我想，他那张朴实、憨厚的面庞应该也起到了关键作用。

雅戈尔早期依附上海的国营商店和服装大厂，积累了资金、人才、技术和设备，继而引来港商合作建厂，又跟当时全国仅有的两个国字头外贸窗口企业之一的中国蓝光做服装出口生意，占据了行业上游位置，赚到了大钱。在雅戈尔发展早期立下汗马功劳的一位重要人物蒋群就来自于中国蓝光，后来他一直担任雅戈尔地产的主管，是集团董事和副董事长。中后期雅戈尔拓展了更多的资源，与中信证券、中国石化、中信集团等建立了合作关系。

与中信证券的合作对雅戈尔至关重要、影响深远，多年后仍被人们当作传奇讲述。彼时中信证券正进行股份制改革，进展并不顺畅。老李隐约感到做中信证券股东的巨大利益，于是毅然买了3.5亿股。在等待的几年中，老李也动摇过，有一次想卖掉，最后因为对方出价便宜一毛钱，没谈成。2003年1月6日中信证券在上海证券交易所上市，雅戈尔持有的中信证券股票升值到100亿元以上，让老李感受到股票的巨大魅力，由此开启了雅戈尔新的财富之门。这是2003年的100亿元啊！那时马云还在为融资而煞费苦心；而李泽楷则做出了让他悔恨终生的决定，以1亿美元将20%的腾讯股票卖给了一个南非公司。之后几年雅戈尔不断抛售中信证券股票，股票收益成为那几年公司利润的主要部分。一向低调的老李也没忍住，得意地宣称：揣着100亿元找项目，股票一单生意就超过了服装业务几十年的利润。从此老李对股票情有独钟，安排女儿负责投资，挖来陈继武成立凯石投资，积极参与新股增发和二级市场买卖，在证券市场大展拳脚，证券市场投资发展成除服装、房地产之外的第三块业务。有意思的是，雅戈尔在中信证券股票上赚的100亿元，在港股中信集团股票的投资中基本全亏了出去（还没有完全退出，本文以2020年底中信股份股价来计算），前后大约13年。

民营企业获得成功后都面临发展方向的问题，绝大多数企业改变了原来的轨迹，将金融或高科技确立为新的目标。与雅戈尔同时发迹、同行业、在同一条街上的杉杉股份，不久就将赚到的钱投入了锂电池领域，并将总部搬到上海。这样的例子很多，还有万象集团、汉能控股、协鑫集团、综艺股份等。雅戈尔是个例外，现在它仍然坚称服装是唯一的主业，虽然近十年服装产生的利润没有达到过总利润的一半。这些年房地产和证券投资赶上了经济高速增长的大潮，雅戈尔在其中赚了不少钱。老李将这笔钱主要用来买商铺，在全国省会和其他重点城市一口气买了几百个，其中上海南京路上的雅戈尔大厦成为它重要的形象展示窗口。除了雅戈尔，在南京路上，现在一家本土服装公司也找不到了。

最近，雅戈尔正在从赚钱最多的一笔投资——宁波银行中陆续退出。大概 2013 年起同为股东的杉杉股份就开始撤离宁波银行，但是之后的几年雅戈尔采取与它相反的策略，不断增持，那时老李还对控股银行甚至获取全金融牌照存在幻想。看到明天系、方正集团等全牌照集团的败落后，这个梦想破灭了。

2008 年开始，我成为雅戈尔的股东，后来不断补仓，最高持仓超过总仓位的 70%，比现在贵州茅台的占比还大。对雅戈尔的投资是我投资中关键的一次，如果不是后来 2015 年那场“融资”牛市，我可能现在还在痛苦的泥潭中挣扎。持仓 8 年时间我对雅戈尔倾注了巨大热情，经常与公司联系，了解情况，认真收集各渠道关于它的信息，利用休息时间巡店、调研，到公司开股东大会至少两次。现在回看这笔投资依然深有感触。我当时为什么坚定看好雅戈尔，而现在却不能唤回当初的热情，现在的我是进化了还是没有？以后的我看现在的我是不是一样可笑可叹可悲呢？如果是，这样的风险着实让人担心。

48

可期待的大行业小巨人：大元泵业

2021年6月29日

我有一个不知是好还是坏的习惯，买入一只长期持有的股票后要写一篇文章，来记录买入理由和思考路径，以待以后闲暇时来品评、回味。以前我一年下来的股票交易不会超过5笔，而且只在持有的一两只股票上打转转，很少看外面，外面精彩的故事对我没有丝毫影响。2021年开始我的做法有了大改变，先后买过中国移动、诺诚健华、康宁杰瑞制药－B、亚盛医药－B等，2021年5月底前又买入大元泵业。目前我的长期持仓股票有贵州茅台、信立泰、康宁杰瑞制药－B和亚盛医药－B。大元泵业是否能进入这个圈子，我还要观察一段时间。我已经持有贵州茅台6年，信立泰大概3年多。我对它们的看法仍然一如初见。

在做投资决策时，思考的核心是先确定企业是否被低估，因为什么被低估，有没有机会逆转。原因比便宜更重要，仅仅是便宜，并不能构成我买入的理由。

公司主要从事各类泵的研发、生产、销售及提供相关服务，是拥有数十年品牌历史的全球知名民用水泵提供商，同时是国内屏蔽泵行业的高新技术企业及领军企业。

产品主要分为两大类：一类是以小型潜水电泵、井用潜水电泵、陆上泵等产品为代表的民用水泵，另一类是以家庭用热水循环屏蔽泵、工业用屏蔽泵等产品为代表的屏蔽泵。屏蔽泵主要用于热水或其他特殊介质的输送与循环，具有低噪声、无泄漏、高可靠性等特点，应用领域主要包括家庭水循环（含家用电器配套）、化工、制冷、半导体与电子工业、核工业、航天工业与军工、新能源（氢能源）汽车、医用设备制造、制氢、轨道交通等。

对于大元泵业，我的分析主要从以下三个方面展开：

第一，公司被市场低估是非常明显的。2020 年大元泵业营收 14 亿元，净利润 2.1 亿元，目前市值只有 30 亿元。与同行业另一家标杆企业——凌霄泵业相比，更容易看清楚。

表 48－1　大元泵业与凌霄泵业经营数据对比

项目	2021Q2		2021Q1		2020Q4		2020Q2		2019Q2	
	凌霄泵业	大元泵业	凌霄泵业	大元泵业	凌霄泵业	大元泵业	凌霄泵业	大元泵业	凌霄泵业	大元泵业
营业收入(亿元)	9.22	6.71	4.32	2.91	14.35	14.13	5.68	5.83	5.16	5.08
净利润(亿元)	2.10	0.73	0.91	0.35	3.59	2.13	1.58	1.00	1.20	0.74
毛利率(%)	30.64	26.22	29.04	27.34	33.47	30.06	36.19	31.15	31.74	30.24
净利率(%)	22.72	10.93	21.05	12.06	24.98	15.10	27.90	17.08	23.37	14.64
总资产周转率(次)	0.43	0.43	0.20	0.18	0.78	0.94	0.31	0.40	0.37	0.40
销售费用(亿元)	0.09	0.29	0.04	0.12	0.18	0.65	0.14	0.18	0.15	0.25
管理费用(亿元)	0.13	0.44	0.06	0.21	0.23	0.62	0.11	0.26	0.15	0.26
研发费用(亿元)	0.29	0.26	0.13	0.10	0.47	0.57	0.16	0.21	0.16	0.20
财务费用(亿元)	(0.11)	(0.04)	(0.02)	(0.03)	0.06	(0.01)	(0.03)	(0.06)	(0.01)	(0.02)
营业成本(亿元)	6.40	4.95	3.06	2.11	9.55	9.88	3.62	4.07	3.52	3.54

注：数据由雪球用户“做个 IT 价投人”整理提供。

从表 48－1 可以看出，两家公司营收相近，大元泵业的净利润明显低于凌霄泵业，主要原因是研发费用和销售费用高于后者。而凌霄泵业市值一直是大元泵业的 2 倍以上，大元泵业以目前股价计算的分红收益率达到 5% 以上，非常诱人。大元泵业净资产收益率保持在 17%左右，毛利率维持在 30%，作为一个制造业企业已经足够优秀了。

我认为，市场偏好造成了大元泵业的低估。目前基金普遍不愿意碰小市值公司，因为基金对小市值公司和大市值公司的研究投入是一样的，但对小公司的买入量不能得到保证，即便涨了基金也赚不到多少钱。还有一个原因，这几年创新备受重视，无处无人不谈创新。证券市场对创新给以积极回应，新能源、新药、电动车等题材吸引了市场几乎全部的注意力，而对一般制造业市场的反应是冷淡的，即使如格力电器这样的顶级制造业企业，也受到冷落。我认为这正是大元泵业的价值所在，因为现在受冷的因素以后可能转化为股价上涨的催化剂。

第二，大元泵业属于大行业、小巨人公司。水泵属于通用设备，在国民经济中被广泛运用，全球市场规模达几万亿元。根据 Zion Market Research 的报告，全球水泵市场在未来 4 年有望保持 5.29% 的发展增速。2018 年，建筑部门中仅建筑运行阶段碳排放就占我国碳排放总量的 21.9%，主要来自居民和工业的取暖、制冷环节，这些都离不开各种类型泵的支持。根据行业公开研究数据显示，包括家用泵在内的各泵类产品的能源消耗占社会总能耗的 10%～15%，泵的购买成本在泵的使用周期占费用总额的比例少于 10%，而其消耗能源的费用占费用总额的比例却高于 80%，这为节能环保型泵的生产创造了广阔的市场空间，大元泵业在这一方面处于国内领先位置。目前高端产品主要市场份额被国外公司把持，国内替代空间很大。国内水泵生产企业最大的几家规模与大元泵业差不多，行业正处于加速向头部企业集中的时期。大元泵业是浙江台州温岭地区企业，这里被誉为“水泵制造之乡”，2019 年民用泵销售额达 450 亿元，占全国的 65% 。

第三，大元泵业重视技术进步。公司研发投入占营收的 3% ，在行业中属于高水平。2019 年公司专利获得优秀奖，开发出氢能源汽车配套泵和航天飞船加注燃料泵，非常鼓舞人心。2021 年 6 月，大元泵业公布新基地建设计划，合计增加产能 700 万台，以最先进的生产线加速抢占市场份额。这对投资者来说，无疑是利好。

补充说明：2021 年 8 月大元泵业入选工信部第三批专精特新“小巨人”名单。

方法篇

49

困境反转股怎么投？

2019年3月3日

彼得·林奇是投资困境反转股的高手，他认为做这类股票是重要的获利手段。近几年我用10%的资金做了两次，一次成功一次失败。

神威药业：第一笔买入价在9港元以上，在下跌途中我继续补仓买入，最低买入价为6.8港元，上升行情来临后于10港元左右卖出30%，14.7港元全部卖出，整个过程持续两年多时间，合计盈利约70%。我清仓以后的第二年，神威药业又开始一轮更加惨烈的下跌，从最高18港元用一年多时间跌到5港元以下。我在7港元左右又一次介入，并随下跌连续补仓，一年以后在股价探底回升到5.8港元附近时清仓，这次操作亏损约10%。

中远海运国际：我在3港元的价位开始买入，最低买入价为2.7港元，分别在2.65港元、2.7港元、2.85港元抛出，一年时间亏11%左右。

对于这两笔投资，我有如下思考：

第一，便宜不是买入的唯一理由。港股便宜的股票遍地都是，其中不乏“老千股”，很多时候爆雷都是从贪图便宜开始的。有人寄希望于通过财报来排除“地雷”，找到蒙尘的宝石，但在现实中往往是一厢情愿的想法。“老千股”的财报就是用来引诱投资者上当的。在专业的造假者面前，非专业的个人能捡到便宜吗？另一方面，现实的残酷往往超过人的想象，一个公司由好变坏是常态，而由坏变好绝对是特例。投资者买到被市场错判的股票的概率要小于中彩票大奖。例如，中远海运国际比神威药业更便宜，其市值低于账面净现金，而神威药业账面净现金只超过估值的一半。但进一步分析就会发现，神威药业更具有买入价值。商业模式上，神威药业是轻资产型企业，小资本投入就可以产生大量现金流，是公认的好商业模式。资金偏好这类公司，因此只要有一点好消息，市场就会重新给予这类公司热情，股价自然会上涨。在我第一次持仓的后期，公司大股东和管理层不断增持，公司出台新的回购计划，这些都是支撑股价的积极因素，预示有利好消息将要出现。后来的股价暴涨水到渠成，赚钱是必然的。中远海运国际主营航运服务、船舶代理、涂料供应等。公司账上有大笔的现金存了7年，令人怀疑其真实性。各项业务板块都处于长期衰退之中，行业低迷已经十几年，回升遥遥无期，是一家处于低景气周期的弱势公司。公司股价低到令人发指的程度，管理层麻木不仁，毫不关心中小股东利益。

第二，投资要考虑资金的机会成本。虽然中远海运国际在慢慢上涨，但我还是抛了，因为A股的上升行情来了，机会成本太高，我等不起。

50

20 多年的打新经历和思考

2019 年 3 月 30 日

如果有一种方法，没有任何风险还可以赚钱，就是赚得再少，你也一定要重视。如果还不用付出成本，那这就是最好的生意。这种生意在全世界都难找到，只存在于 A 股——新股申购。

1993 年入市以来，我做得最久的一件事就是申购新股，并且是将其作为头等大事，每个阶段根据不同要求尽最大能力来执行。目前，我有 7 个账户，同时帮忙管理同事的 4 个账户，基本没有一次落下过打新股，也有选择地申购部分可转债。我第一次申购的新股是 1994 年上市的同济科技。当时还没有电子交易，买卖股票要填纸质申购单，像在商店买东西一样要排队，一份申购单要出 5 元购买。当天在中山东路 200 号那个南京著名的证券营业厅，挤满了汗流浃背排队申购的股民。我身边有人议论，说楼上有个叫才智（音似）的大户，有一万个账户，证券公司开专线帮他申购，所以散户大厅报单速度才慢了。我听说过这个人，他包机赴拉萨买西藏明珠原始股的佳话在南京股民中广为流传，要知道那是 1994 年前后，这之前我不知道还有包机这回事。

我中的第一只新股是大庆联谊，赚了1.4万元。当时我在省外贸公司工作，是最热门的单位，但月工资也只有几百元。更有趣的是，当时的我正在谈恋爱，因此，这次中签来得太是时候了。在人生的紧要关头，我总能受到幸运女神的垂青，我常为此稍感不安。还有一次我出差去无锡，开会期间打咨询电话确认中了中国神华，强忍着内心的狂喜，不露声色继续工作，只是后来别人的发言一句也没听进去。之后就是著名的中国石油发行，我有92%的中签概率但没中，郁闷了好半天。没过多久，“问君能有几多愁，恰似满仓中石油”的段子就在市场流传开了。

中国神华让我赚了3.2万元，我用这笔钱将在月星家居城看了很久的一套鸡翅木书橱、书桌和官帽椅搬回了家，现在还放在我的书房里。每次朋友、同学参观书房，羡慕地评价这套家具时，我总会推荐他们去申购新股。20多年，我一共中了多少新股已经记不清了，几百只肯定有。我吃过暴风科技、步长制药这样的“大肉”；一天连中三元也有过；一个账户连续两天中签也见过；超级大盘股一次中几万股也经历过，截至目前没有一只亏损。在投资领域，只做加法没有减法的生意我只见到过这一种，而且时间越长效果越明显。我大概三分之一的钱是通过新股申购赚到的。

补充说明：以下是网上不知名网友统计的历年的打新收益率，我的成绩要好于这份统计。

1998年，大于50%；1999年，37%；2000年，20.67%；2001年，35%；2002年，15%（市值配售）；2003年，10%（市值配售）；

2004年，10%～15%（市值配售）；2005年，10%～15%（市值配售）；2006年，11.44%；2007年，27%；2008年，3.93%；2009年，15%；2010年，20%；2011年，10%～15%；2012年，8%～12%；2013年，暂停；2014年，10%～15%；2015年，15%～25%；2016年，6%～20%（市值配售）；2017年，4%～17%（市值配售）；2018年，3%～6%（市值配售）；2019年，3%（市值配售）；2020年，4%（市值配售）。

2021年10月27日，我迎来了首只上市破发新股——新锐股份——发行价62.30元/股，上市首日收盘价53.34元/股。

51

怎样识别股票上涨的先兆

——以神威药业为例

2019 年 5 月 26 日

股票开始一轮上升行情前有先兆吗？如果有，怎样做才能准确把握机会呢？

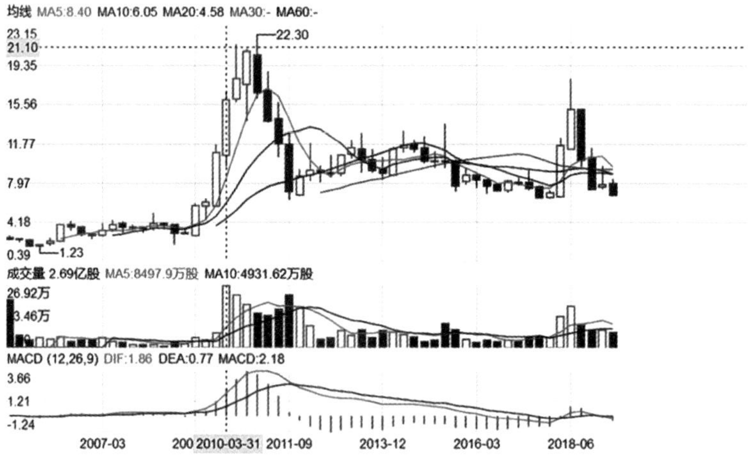

图 51－1　2007—2018 年神威药业走势

2011 年，神威药业的股价从 22.3 元开始调整，到 2017 年 7 月跌到 7 元左右，历时 6 年半，跌幅约 65%（忽略分红）（见图 51－1）。

这期间所有的积极因素，如机构和管理层增持、跌破净资产、跌破股权激励行权价等，都没有改变股价下跌的趋势。股价的长期下跌与神威药业的基本面是一致的。这几年，中药注射液发展受到抑制，辅助用药被医院监控、压缩，医保限制价格，两票制，等等，使得神威药业的主业受到压制，销售和利润连续 5 年下降，这些因素促使市场对其前景给以悲观预期。

但是神威药业并非一定会走向衰败，从财务、管理层能力、资源、团队执行力等方面看，其仍然具有强大的本钱和优秀基因，它的股权仍然有很高的价值。2017 年底出现了明显的迹象，预示一轮较大的上升行情的到来。一是控制人在二级市场连续增持，我印象中一共有 3 次，董事会也不失时机地通过了回购计划。二是二级市场交易开始活跃，成交量明显放大。随后出现了一轮行情，半年时间股价最高达到 18 元，涨了 157% 。2017 年年报公布后，我发现确实没有无缘无故的爱，那年冬天流感爆发，公司注射液销售大幅回升，加上中药颗粒的快速放量，全年营收结束了长期下降的趋势，获得超过 20% 的增长。

综上，市场有先知先觉的资金在，上涨的先兆就一定存在，但发现先兆并能赚到钱就要靠个人修行了。2019 年 3 月神威药业又跌到了 7 港元以下，历史会再一次重演吗？我将继续关注。

52

做好现在是对未来最可靠的预测

2019 年 7 月 7 日

预测未来也许是人类存在时间最久远的愿望了。我们祖先用龟壳、蓍草、八卦、数字、地形、方位、特定时刻发生的事情等各种器物和办法来预测将要发生的事情，来判断已经发生事情的结果，来寻找丢失的物品，来预知战争的胜负。他们真的成功了吗？神奇的故事有很多，但没有一个能够得到验证。我想现在我们看到的各种神奇的成功案例，更多的是记录者出于不同的目的编造的吧。

有人说股市是靠预测吃饭的地方，好像在此赚钱的都是算命先生。市场出现了 K 线理论、波浪理论、缠论、康波理论等各种各样稀奇古怪的预测方法，还出现了可以将预测精确到小数点后两位的神人。我见过很多神人、大师，其中有一位 20 年前经营一个路边报摊，现在他仍然在那里。和我一起入市的一个同事，迷信看图预测股价，画的 K 线图车载斗量，结果是在连续失败的打击下，很早就痛苦地离开了。后来他又迷上了彩票，坚定地认为可以算出下一期中奖彩票的号码，不知为此又折腾了几年、花了多少冤枉钱，只知道他后来又

"移情别恋"了。这个同事比我年长几岁，在一同进公司的一群人中，有人当了领导，有人生意做得好发家致富，有人倒腾房子赚钱，唯有他还住在当年单位分的福利房里，算最潦倒的一个。

要在股市不靠运气取得成功不是一件容易的事。征战股市，用曾国藩的一句话来总结比较贴切：结硬寨、打呆仗。

股市是风险汇集的地方，靠投机取巧胜得了一时，长期一定翻船。做事第一条原则是要保持应有的敬畏之心。这么多聪明人、有钱人、见多识广的人在一起博弈，如果不是全身心投入、以性命相搏，凭什么胜出的是你而不是其他人呢？敬是态度也是理念，买什么，何时抛，都要想想这个敬字，不要把别人当傻子，更不要把市场当傻子。敬也会对行动产生潜移默化的影响，促使你准备更充分，看得更清楚、更远。

我们唯一能做好的是把握现在，将眼前的事做到极致，不要多想结果，老天不会亏待诚实勤奋的人，这才是投资股市的正确打开方式。

53

不信中医为什么持有中医类股票？

2019年7月30日

我们常说人和人不一样，其实还可以引申一步，人与人最大的不同在于只占身体重量2%、耗氧量达25%的大脑。如果进一步深究，知识结构、思维模式、性格、信仰等才是人之间最大的差异。这些差别的存在，形成了证券市场无时无刻不在的相反判断，交易因此得以酝酿和完成。

大脑的作用是对外界做出判断，下达行动指令。我们不能肯定怎样做一定会得到正确的判断，但知道怎样做会获得大概率错误的结果，依此行动终究会一败涂地。最常见的错误判断标准有以下几种：

第一，依据道德标准判断。以儒家思想为主要内容的道德规范作为主流意识形态已经至少两三千年了，在维护社会秩序和人际关系稳定上起到重要作用，它的重点不在于对物质世界的认识和发现。这套东西深刻影响人的思维习惯，以至于21世纪了，很多人还习惯于用道德标准来判断好坏，不管这个事是经济的、物质的、文化的还是其他社会现象。有人在股市引入道德因素，主张将道德标准作为一条交易评价原则，即符合道德规范的才可以买，违背道德的不碰，反而将商业规则放在一边。如对白酒，认为喝酒无非享乐，酒不能使国家更强大，不像芯片一样得到国家大力鼓励，因此不能碰，白酒股票也不能涨得太高。

还有，他们主张如果不相信公司的产品就不应买入该公司的股票，如对中医药，不信中医的人买中医药股票在他们看来与偷盗无异。我的看法是，以商业的标准来看，中医药板块，有许多很好的公司。在全市场四千多家上市公司中，不管是商业模式、财务状况、公司前景，还是管理层能力和信誉，一些中医药公司都有特殊的优势，业绩也得到了市场的检验。我对中医的大部分医疗手段和药的疗效持怀疑态度，看病一般也不会找中医，但不妨碍我持有主营业务为中医药的股票，与持有贵州茅台一样心安理得，即便我也不会喝酒。

第二，依据情绪判断。这是最差的类型了，道理大家应该都懂，无须赘述。被巴菲特称为世界上活着的最聪明的人查理·芒格就说过："我这一辈子无时无刻不在与自己的情绪做斗争。"显然，控制不了情绪，不会成为合格的投资者。

第三，依靠神灵判断。道理很简单，如果通过神灵可以知道股市的涨跌，那么富豪榜上一定全是算命先生。我刚入市时，在中山东路200号的股市沙龙有个著名的人物，一位姓黄的大师，每天用《易经》算指数，可以精确到小数点后两位。20年过去了，他还在原地从事报刊零售业务，也许是《易经》耽误了他的大好前程。

54

2019 年投资小结

——我的眼中只有你

2019 年 12 月 28 日

“我的眼中只有你”是一句“70 后”熟悉的歌词，歌中的“你”指的是姑娘——大部分美好故事的主人公，而此处我指的是价值。稳定的、不断增长的价值是投资利润的最终来源。

2019 年的股市充满躁动和不安。中美贸易谈判一波三折、科创板快速登场、明晟指数和富时罗素指数扩容、《证券法》修订、证监会主席更换，等等，与股市相关的大事件层出不穷，市场波动加剧。这一年也是我提早结束职业生涯转而将股票投资作为事业的第二年。2018 年，我专业从事股票投资后，就遇上中美两国经贸关系紧张，之后摩擦不断，股市也受到极大影响，大部分投资遭受损失。2019 年我取得了不错的投资业绩，对今后的人生道路充满信心和期待。

一、收益情况

股票：贵州茅台 100% 左右，信立泰 -2% 左右，神威药业 35% 。

新股和可转债申购：3% 。

因为贵州茅台占持股的较大部分，所以组合的总体收益率约为

65%。这个收益率远远超过了几大指数，也是本人入市以来获得的较高年度收益率。

二、具体操作

我是全年保持满仓状态。在1116元时卖出5%贵州茅台，扣除获利和4年分红，仍然持有的部分成本降到260元左右。在22元、19元、18元、17元（少量）等价位多次加仓信立泰，持仓成本降到27元左右，已经低于员工持股计划的员工买入价格。从7港元开始买入神威药业，在下跌中不断补仓，最后一笔是5.75港元，在7.14港元附近抛出一部分，剩余持仓成本5.7港元。我与神威药业可谓有缘，两年前赚过一次，加上这一次的盈利，现有持仓可以视为零成本。

此外，我积极参与科创板打新股，开通了11个账户参与申购（其中4个属于一个同事），科创板开板第一次集中申购有22家企业，中了3个，低于预期。积极参与可转债申购，所得可以忽略不计。

三、思考和展望

这几年股市最大的变量来自市场国际化进程加快和由此产生的资金结构的巨大变化。新势力“侵占”旧势力的地盘，逐渐掌握话语权和股票定价权，由此出现了股民期盼已久的蓝筹股牛市，给老实人带来了春天。这是一个里程碑式的深刻变化，不可逆转，标志着股市的巨轮已经从内河、内海驶入了太平洋。个人投资者因条件所限，面对变局明显处于不利的地位，亏损的可能性应该是更大了。未来市场对投资者提出了更高的要求，只有抛弃旧思维，补充新知识，以国际化的眼光看世界，才能破茧成蝶，才有未来。

四、新的体会

做投资要眼中只有价值，紧紧拥抱价值，赚确定的利润，忽略波动。在正确的方向始终如一，长期坚守，我们就一定能到达心中的彼岸。

股市获利方式千万种，我只选属于我的一种。

55

一张28年的炒股成绩单[①]

2020年5月17日

我1993年开始接触股市，算下来已经28年了。我在股票市场的投入几乎全部来源于我们夫妻二人的工资，其间因买房三次抽离过资金，第一次8万元，后两次都是50万元（贷款没有计算在内），还有4次房屋装修分别花费3万元、10万元、40万元和10万元。除此之外，儿子的教育经费是大头，包括4年澳大利亚留学费用，粗算一下总额应该超过了200万元。我们家庭唯一的一辆车花了25万元。在应付了以上开销后，到2020年12月31日，我持仓股票的市值是第一笔投入资金的1.6万倍，是2008年股市6000点时我市值的17倍，是2015年5000点时市值的4.8倍。

2000年以前，我的投入资金很少，基本上根据感性决策，之后逐步确立了价值投资理念，从此再也没有偏离。28年间，我真正持有过的股票共有14只，分别是：申华控股（原申华实业）、同仁堂、宝钢

① 本文相关数据做了更新。

股份、雅戈尔、康缘药业、佐力药业、宁波港、民生银行、涪陵榨菜、招商银行、宁波银行、贵州茅台、信立泰、神威药业。这中间算得上牛股的只有贵州茅台一个，涪陵榨菜也许算半个，但也没有一只“地雷”（佐力药业后来基本面有改变，基本算正常）。我持有雅戈尔 8 年，持有贵州茅台到现在 6 年，其余的基本持有时间在 2 ~ 3 年。绝大部分时间，我都是满仓，一般同时持两只股票，经历了几乎所有的市场高潮和低谷。从收益角度看，贵州茅台还没有兑现，浮盈超过了我利润总额的一半；其次是多账户打新股，总共中过几百只新股；再次是雅戈尔，但它不算一次很好的投资，因为作为主要仓位，纠缠了太长时间，还是在牛市的帮助下实现胜利大逃亡，收益勉强超过 100%。康缘药业、佐力药业和涪陵榨菜，以现在的眼光看，赚得不多，但它们的上升行情都出现在熊市，并且都持续了 2 ~ 3 年时间，有力地增强了我持股的信心。它们像漫长黑夜中微弱的光明，引导我艰难前行。

这份成绩单看起来并不光鲜照人，但我已经非常庆幸、非常满意。这 28 年在股市的奋斗，是我人生到目前为止做过的最有价值的事情，我因此而改变，为此而自豪。现在，我赚钱的迫切之心已经不像以前那样强烈。看到很多新朋友奋勇入市，将自己对人生的美好追求寄托于股市，我时常莫名感动，因此想将自己粗浅的心得分享给他们，帮助他们走好、走稳。总结来说，这些年我的体会主要如下：

第一，常识是最好的朋友。几年前的一天，一对夫妇来访，他们准备跟一个风水大师炒股，来咨询我是否可行。大师跟他们说一个月至少可以赚 30%。谁都知道这是一个骗局，因为违背常识，但是这对夫妻对大师深信不疑。我跟他们讲复利、讲概率，他们一脸茫然，听不进去。后来的结果各位不用猜也知道，他们的发财梦只做了几个月就破碎了。这个世界没有无缘无故的爱，事出反常必有妖。乐视网、康美、康得新这样的骗子公司，如果我们能以尊重常识的思维来审视，很容易就能看出其中的猫腻，理性的投资者会绕道而行。还有一个也“姓”乐的公司，风头正劲，业绩30%以上的增长已经保持了4年，财报中公然保证还能持续5年，因此得到各路人马的追捧。先不论财报的表述是否合规，可以肯定的是，财报没有遵循审慎性原则。这种树能长到天上的游戏，我从来不会参与。

第二，定期报告应该怎么读？中报和年报是评价公司最主要的信息来源，投资者要给予高度重视。不看定期报告买股票，就像夜间行车不开车灯一样危险。同样一份财报，不同的人看，能得出不同的结论，做出相反的操作，这在市场司空见惯，原因何在？我认为是投资者理念的不同，形成了不一样的关注点。投资者将偏好带入思考、评估，无意中加强、忽略或者扭曲了信息。如上文提到的那家公司，给人最深的印象是缺钱，长短期借款、票据融资、公司债、可转债、配股，市场上所有的手段用了个遍；土地厂房、生产线、知识产权，能抵押的抵押殆尽。看完它的中报、年报，你自然会问如下问题：既然你能保持9年净利润30%的增长，钱应该花不完才对，为什么还这么缺钱呢？你挣的不是真钱吗？

我将财报作为排除不良公司的工具，除了缺钱的公司，历史上有污点、应收账款过高、负债率超过同行业平均水平、有大笔存款几年不用还大额借钱、渠道囤货明显、不知原因的营收和毛利下降、盈利丰厚吝啬分红、日常生活中见不到产品，等等，诸如此类的公司一律回避。说实话，我也确实曾因此错过好公司、好机会，这时我会用“证券市场不缺机会”来安慰自己。

第三，练就长期跟踪的“葵花宝典”。定期报告中得不到的信息，通过长期跟踪可以得到，跟踪一年可以知全貌，三年可以知未来，如果做不到，就再跟一年。2015 年我投资贵州茅台的决策，很大部分基于对飞天茅台酒的观察。当时苏果超市、永辉超市里飞天茅台酒敞开卖，一瓶八九百元，后来就渐渐紧俏了，成为最热门商品也不过就是三四年时间。我发现飞天茅台酒热度的上升曲线就是贵州茅台股票的 K 线图。如果早点知道这个秘密，我拥有的贵州茅台股份一定比现在多得多。

持有雅戈尔的 8 年间，我经常巡店，公司出了新款我一定买一件试穿，虽然清仓股票已经几年了，衣柜里雅戈尔的衣服还有一大堆。我对信立泰更是比对儿子更上心，对研发管线的每一个变化都能做到心中有数，操起并不在行的英文看临床研究报告，不亦乐乎。在生活中观察和长期跟踪调查是中小投资者可以做到，甚至做起来比机构投资者更便利的方式。如果做到了将投资与生活合二为一，以投资的眼光和角度审视生活中海量的信息，你就算练成了无上神功，想不赚都难。

第四，长期的投资收益来自于认知的提高。以错误的方法赚到钱是祸不是福，它将阻碍或延缓你建立理性投资系统的进程，使你一直在投资的殿堂外徘徊，不能得其门而入。洞见来自长期的学习、思考而产生的认知提升，而投资者的一生如果能得到 3 个独立的洞见并充分把握，就可以变得很富有。我在入市早期曾经在同仁堂和贵州茅台之间做过选择，因为认知不足错过了贵州茅台 200 倍的收益，不得不在十年后来修正这个错误。

第五，获利是对善意和美德的奖励。善意是个宽泛的概念，投资人的诚实和实事求是的评估态度，对目标公司清醒的认识，同公司共同成长并获得财富增值的良好愿景，以价值为唯一理由的购买等，都属于善意的范畴。我见过各种在股市获得成功的人，他们绝大部分产生于同一个群体，具有相同的特性。他们注重长期利益胜过眼前利益；他们秉持买股票就是买公司的理念，明显有别于频繁交易者；他们将学习作为终生习惯，坚持不懈；他们对新事物、新知识具有强烈的好奇心和研究欲。当然，我也见过全凭盘面感觉的交易者，赚到大钱的也有，但这没有普遍意义，一般人也学不来。

第六，对待极端风险的态度。世界大战、全球性生态危机和其他系统性风险，这些是每个投资者都回避不了的问题。巴菲特说他不能规避核战争的风险，我当然也是。投资中我不考虑极端风险发生的可能性，原因有二：一是如果它真的发生了，一切行为变得无意义，整个体系坍塌了，各类资产价值都会受到重创，人们也无处可避。二是如果事前知道是在如来佛手掌心翻跟头，那么孙猴子的每个动作都会走形，因此，最好的办法是不要让他知道脚下的大地是手掌。

56
把钱放在对的地方

2020 年 6 月 2 日

投资的真义就是把钱放到对的地方。这件事情说起来简单，办到却很难。现在，普通人投资无非购买房产、股票、债券、银行理财、基金、期货，其中股票复杂一些，涉及美股、港股、A 股、B 股、新三板等，要全部搞懂至少需要几年或十几年时间，就更不要说赚到钱了。如果你问我现在应该买哪一种资产，我还真的不能如常见的分析师、理财师一样，立马铁嘴钢牙地列出一份资产配置表给你，因为我对此虽有思考，但结论只有一个大框架。不过我可以将 14 年前一笔今天看来是失败的投资说给你听，你也许能得出自己的答案。

那是 2006 年。从 2001 年开始股市已经低迷了 5 年，投资人被折磨得筋疲力尽，发出了“牛市再不来我们都老了”的悲叹。因为股票被套，我手上虽又积累到一笔钱，但不敢继续投向股市。当时已经有人开始将买房作为主要的投资渠道，并尝到了甜头，我也受到影响。南京江宁区一个浙江人建的市场还有剩余铺面，承诺返租 5 年，租金最低 8%，吸引了我。没有经验的我很快成为业主。那时“一铺养三代”在投资界就像 1 + 1 = 2 一样没有任何疑问，商铺的价格高于住房也被普遍认可。2009 年的一天，我下班回家路过鼓楼绿地广场，碰到一个熟人，就是投资洋河原始股赚了千倍的那位小有名气的风险投资公司经理。他问我：“听说你买了义乌小商品城的商铺，租金多少？”听了我的回答，他说道，“哦，蛮好的”，又补充道，“阿里网上销售发展起来，可能会有影响。”当时我也知道浙江有个阿里巴巴，也看到很多人预测它的发展将彻底改变小商品销售模式，但没有放在心上。

3 年后（2009 年）地铁通了，不远处容量 10 万人的大学城也已经建成使用，周围又出现了好几个大型楼盘，一切如期而至，可预期中的商铺火热却一直没有出现。二期返租，我只好忍痛接受了更低的租金。2020 年元旦，我接到市场返租办公室发来的短信，他们告诉我那个商铺原先的商户退场了，我的那个铺子目前处于空租状态（其间有反复，因新冠肺炎疫情，准备接手的老板没敢来）。在买入这个商铺的第二年，我在离市场几百米远的一个楼盘买了一套住房，现在该小区的售价是我买时的 6 倍。商铺的销售要征收 25% 所得税，所以交易稀少。如果硬要卖，这间商铺收回的现金只能与 14 年前付出的资金差不多。

这笔投资失败的原因现在看起来很清楚，商铺业主的钱随着生意一起被马云抢走了。我在《股票市场风险的由来及规避》一文中，将风险分成 5 类，这属于来自另外时空的风险，人无法预测。

什么是财富？我的定义是：财富是价值的累积。价值是个含义宽泛的词汇，不同民族、时段、阶层，有不同的价值观和不同的价值标准，还可以从各个角度分成艺术的、社会的、文化的、历史的、人文的、经济的，等等。

从经济的角度，原始社会没有财富的概念，奴隶社会财富的显著标志应该是奴隶的数量，封建社会人类有了地域的概念，人类最大的愿望是吃饱穿暖，而生产粮食和棉花的主要生产资料是土地，因此土地成为财富的主要形式。工业革命以后，物质生产能力得到空前提高，产生了越来越多的剩余价值，怎样配置资产，使财富保值、增值，成为新时代人们需要具备的新技能，金融由此备受瞩目，经济命脉和主要财富被资本所有者控制。

现在我们可以下一个宽泛的结论：每个时代甚至每个时期都有一个投资的主题，偏离了主题的投资注定失败。当今世界处于百年未有之大变局，今后的财富热点在哪里呢？这是每个投资者需要认真思考的首要问题。

57

选股，一门看兴替的学问[①]

2020年6月8日

决定股票投资收益高低的关键因素是选股。选股可不是一件简单的事情，跟投资者的性格、学识、智力、经历等有直接关系。能做出好的决策，投资者至少在以下几个方面都要得到高分。

首先，要在对的市场“玩耍”。我们可以先思考一个问题，为什么载入史册的成功投资者和成熟投资理论基本上出自美国，而老牌的资本主义国家如英国、法国、德国等都没有出现投资大家，这与自然科学如物理学、化学以及数学发展过程中表现的特征不同。我想主要原因是过去100年间，全球只有美国股市做到了不受不可抗力干扰，保持稳定交易，并且维持长期上涨。美国股市经历了两次全球性战争和多次局部战争、严重的经济危机、重大公共卫生事件、意识形态领域的对抗和自然灾害，却依然保持繁荣。以三大指数中时间最早的道琼斯指数为例，它于1896年5月26日首次公布，指数为40.94点，

① 本文数据做了更新。

2021 年 10 月 4 日的收盘指数为 34002. 92 点。虽然指数成分股经过巨大调整，最初的 12 个成分股只剩通用电气一家，但其长期的连续性和巨大的升幅仍然令人印象深刻。一方面，美国国内生产总值在 1894 年就已经超过英国成为世界第一，二战后在经济、科技、军事上全面超英，冷战后成为全球唯一的超级大国，并一直保持到现在，为美国股票市场长期繁荣提供了坚实基础。另一方面，美国长期奉行市场经济理论，与之相配套的法治化社会运行良好，符合股市发展特性，为其提供了良好环境。所以巴菲特说他中了“卵巢彩票”，他真是有一眼看到本质的本领。

其次，要看清时代潮流和社会变革。100 多年前伦敦的交通工具以马车为主，但是载人的汽车已经出现，只是因为各种不方便和价格昂贵，使用的人非常少。此时如果一个投资家把资金全部押在马车制造上，我想，他就是拥有女王的宝库也难以摆脱破产的结局。这是遥远的例子，近的也有。如我上文所述，15 年前你不投阿里巴巴、腾讯不算错，但不买住房而买义乌小商品城之类的商铺，就是书没读通的具体表现了。读书的目的是明理，用现在的话说是揭示事物运行的规律，预见未来将要发生的事情。腐儒在瞬息万变的市场是难以生存的。

最后，要从三个维度选企业。即使有了巴菲特的幸运，也看准了风口，但投错了企业，那么一切还是白搭，甚至比什么都不懂、什么也没做更惨。十几年前马云被人当作骗子，理智的人不会将希望寄托在他身上，这是绝大部分人会犯的错，不足为奇。可在二级市场混了十几年，甚至几十年，又自认为是价值投资人，却对贵州茅台、五粮液、格力电器、中国平安、招商银行、万科视而不见，反而对乐视、康美、康得新等产生极大兴趣，就不太好给亏钱找到恰当的借口了。

我对企业有一套不固定的评价体系：一是看人，看企业的掌舵人和管理团队。如果人超级牛，其他不用看，就买一点股票留着。有一点要特别注意，品行不端的人，即使能力再强，我们也要将他管理的企业排除出买入的名单。二是看企业，我有几个硬指标：钱紧的、财报浮夸的、毛利率不高的、要求资本投入较大的、固定资产占比太高的、负债率高的，等等，每一项都具备一票否决权。同时，我认为看企业要有新理论，不能成天抱着“护城河”“安全边际”，如著名投资人林园在十年前就提出“只买围绕嘴的企业”就是智慧，是对价值投资理论的发展。我一般不投或少投成熟的企业。既然是投资股票，就要承担一点风险。投相对早期的企业，可以博取较大利益。

58
我的两次被套经历

2020 年 6 月 24 日

在这个危机四伏的市场，谨慎无疑是投资者应该具有的良好品质。但是，常在河边走，哪有不湿鞋。即使你万分谨慎，时间长了，免不了会遇到被套甚至损失本金的糟心事。1993 年入市以来，我真正意义上的买入并持有只涉及 14 只股票，其中有两只被套很长一段时间，因此印象深刻。

一是雅戈尔。2008 年我开始买入，持有期间不断补仓，直到 2016 年趁牛市胜利大逃亡。二是信立泰。2017 年开始买入，其间也是不断补仓，至今未抛，账面最大浮亏达到 35%，几天前开始盈利。有意思的是两次被套时间都远远大于盈利时间，前者 8 年中有 7 年半处于浮亏状态，后者更加明显，由低位涨上来只用了 5 周。

对雅戈尔的投资应该是我投资生涯的两万五千里长征，如果走不出来，就不会有后来的贵州茅台和信立泰，而现在的我也肯定是一副窘迫的样子。

2007 年的那一轮 A 股史上最大牛市改变了很多人的命运，我也获得了人生的重要转机。当时我满仓同仁堂和宝钢股份，宝钢股份那一年一季度业绩大增，净利润增长52%，大幅超过市场预期，正好赶上长期熊市结束，顺理成章率先上涨，股价从4元启动，最高涨到25元。说起来很丢脸，我低估了资金的野蛮程度，近10年熊市的折磨让我的想象力大打折扣，同时也是经验不足，宝钢股份大涨给我带来的不是兴奋而是不安——害怕账面盈利再次消失，重回被套的痛苦之中。于是涨到9元我就草草出局了。在股市，决策错误产生的痛苦比正确的判断带来的愉悦让人印象深刻得多。因此，即使在那轮牛市中我获得了投入资金总量1.5倍的收益，我也高兴不起来，现在想起来还是不能一笑置之。不过抛出后我买了一套房子，这才“对冲”了部分懊悔。同仁堂的上涨来得迟一点，在牛市的后期，大概涨了3倍，这一次我基本上吃到了全部。

牛市逐渐退潮，我支付了房款首付，仍然拥有一大笔现金。也许是在宝钢股份上失误的阴影作祟，我决定找一家比宝钢股份更好的公司，将在宝钢股份上少赚的钱补回来，此时雅戈尔引起了我的注意。我盯上雅戈尔主要出于以下原因：第一，当时股票都很贵，平均市盈率60倍以上，它相对便宜，且分红丰厚。第二，当时市场上股票很少，创业板、科创板、港股通都还没开通，可选标的匮乏。第三，雅戈尔是知名服装品牌，掌舵人是家喻户晓的成功企业家，口碑不错。公司投资商铺、房地产赚了不少钱，在中信证券上一单赚百亿元也让它出尽风头。特别是公司将股票一、二级市场投资作为主业加以培养，很容易让人产生美好的联想。我是在雅戈尔股价破位后买入的，第一笔在27元附近。很快市场进入熊市，雅戈尔股价“飞流直下”，下探到22元、18元、15元，之后是漫长的7年下跌，最低到5元。我不断补仓，最高时仓位到了第一笔买入的12倍，成为当时我的第一大持股。漫长的熊市让我非常痛苦，好在我一般只拿两只股票，另一只康缘药业和之后的佐力药业、涪陵榨菜在熊市上涨，加上我们夫妻工作稳定，收入较高，才勉强度过这段艰难时光。即便如此，后来儿子去澳大利亚留学，为了保住仓位，我还是极不情愿地卖了一套南京市中心位置的住房，当时的均价只有每平方米1.7万元。

信立泰的这次套牢完全不同，几乎可以称得上一次愉快的经历，原因是同时期持有的另一个更大的仓位是贵州茅台。信立泰下跌的2年多时间茅台上涨300%以上，成为市场最耀眼的明星。3年前我第一次买入信立泰是在32元附近，之后几个月股价上涨，分别在33元、35元、37元补过仓位。后来受到“4+7”集采、联盟地区集采、支架集采等政策利空影响，股价不断下跌，最低到16元多，时长将近3年。两年前的夏秋之际，我正在丽江旅游，信立泰的替格瑞洛一致性评价获得通过，将作为首仿药上市，股价却一反常态，短暂上冲后快速掉头向下。当时我置身玉龙雪山无边的美景，心中还是闪过一丝疑问和忧虑。像上次一样，我再一次祭出补仓的法宝，从34元开始，几乎每个价位都会买一些，目前仓位已经到初始买入时的10倍。

认真回顾，这两笔投资在决策上都存在缺陷。对于信立泰，主要是当时我对医药并不真懂，以至于对政策风险毫无警觉，不然等一年再买就太美好了。对于雅戈尔，失误就更多、更严重了，一言难尽，以我现在的认知，是不会再买这只股票的。

回到正题：从这两段刻骨铭心的艰难经历中可以得到什么启示呢？投资的路不会平坦，怎样才能走得远、走得稳呢？

核心就一句话：**出于善意的初心，必得满意的结局**。

投资的核心是紧盯价值，其他交给时间。善意是个宽泛的概念，投资人的诚实和实事求是的评估态度，对目标公司清醒的认识，同公司共同成长并使财富增值的良好愿景，以价值为唯一理由的购买等，都属于善意的范畴。关于价值，股票投资遵循商业规律，商业价值有短期、远期之分，也有账面和隐含之分。随着时代主题和社会特性的变迁，相应的热点、关键点也会此消彼长。只有综合考虑，准确把握这些关键点，才能在市场占领先机，立于不败之地。

这两笔投资时机的选择严重失误，一个在牛市末期，另一个在行业变革的前期，最后能全身而退，不仅仅得益于牛市，也不是坚守和不断补仓的策略，而是坚持心怀善意和价值理念获得的安全边际，是从开始就设定而且贯穿始终的价值取向和善良目的。试想，我如果买入的是乐视、蓝田、康美、康得新之流，就是有等到海枯石烂的决心，恐怕也难以善终，终究会有“我本将心照明月，奈何明月照沟渠”之叹吧！

59

靠运气赚到的钱也是真钱

2020年7月1日

股市是个奇妙的地方，在这里勤奋不一定能有收获，聪明也许碰得头破血流，知识渊博也并不一定能获胜。但是，运气是所有人珍视的。用钱钟书先生在《论快乐》中对“快活”的描写来类比股民对待运气的态度可谓非常贴切，“我们希望它来，希望它留，希望它再来”。

2013年下半年，我的投资之路走到了曲折的地段，就像二战中斯大林格勒保卫战一样，到了关键时刻。熊市已经持续了6年，大部分投资人被折磨得奄奄一息，调侃道“牛市再不来我们都老了”。虽然一年以后令人荡气回肠的创业板牛市和气势恢宏的主板牛市就要到来，但2013年的市场还处在最后一跌之中，其惨烈程度至今想起来我还能惊出一身冷汗。我当时主仓持有雅戈尔，已经坚持了6年，股价从30多元跌到最低5元，我也因为要按期支付儿子留学的费用和不断补仓而弹尽粮绝。最窘迫的时候，我不得不卖了一套市中心的住房，同时保持一套新买住房的按揭和两份宁波银行的消费贷。

康缘药业就是在这个时候卖出的，持有 3 年间，正好赶上热毒宁注射液销售爆发周期，因而我在熊市获得了 2 倍收益，大大缓解了雅戈尔下跌对我造成的伤害。之后对佐力药业产生兴趣也因为机缘巧合。早期投资同仁堂时，一次偶然的阅读，我了解到一味叫乌灵胶囊的药正在申报国家一类新药（现在分类有变化），配方和工艺被认定为国家中药保密配方，因此有了初步的好印象。后来有段时间我睡眠不好，经咨询医生才知道乌灵胶囊已经上市，效果不错，生产商是佐力药业。两次巧遇促使我对佐力药业产生了兴趣，于是马上看报表、读研报、找外围资料，深入研究一阵子后，很快在 14 元左右建立了仓位。大概半年以后，我正在美国考察，拉斯维加斯是最后一站，炒股的人走到哪里也离不开股市，我一路上晨昏颠倒地看手机查行情。功夫不负有心人，在要离开美国的那天晚上，终于看到了佐力药业大涨的迹象，后来跟随创业板牛市，股价出现了一拨飞速上升行情，最高涨到 37 元。从美国回来后不久，佐力药业连续开展 4 单收购，从药厂到商业公司再到医院，最后是风景区的一个农家乐。我判断其基本面发生了根本性改变，未来公司的业绩会非常难看，于是决定抛出持股。

我在佐力药业上的收益与康缘药业差不多，这两笔投资对我非常重要，如果没有它们，就没有后面的贵州茅台和信立泰了，那么我现在一定是另外一副样子。但是复盘回看，我不得不承认，佐力药业的上涨根本不符合我买入时的设想，而是得益于 2014 年开始的创业板牛市。创业板是新生事物，国家相关部门大力推动，股市需要热点来炒作，资金和政策在此得到统一。创业板公司收购、重组享受非常优惠的政策待遇，很多公司有意无意地利用这个漏洞，通过花样百出的兼并重组做高业绩，粉饰报表，为“炒家”提供各种题材，如此制造了一场牛市。至今我仍然认为在佐力药业上赚到的钱是假钱，但我还是把它当真钱用了。

还有一件有意思的事，值得记录。那一年我去参加佐力药业股东大会，得到热情接待。董秘在会前亲自泡茶、发名片，董事长亲自招待午餐，是我参加股东大会享受到的最高规格待遇。德清有两家上市公司，而且是邻居，都在创业板上市，都是制药企业，俞董事长对另外那家的态度有点轻慢，说："你们可以去看看，比较比较。"可惜我没去比较。那家公司叫我武生物，这几年股价涨了10倍以上。

60

可知、不可知和信念：复盘贵州茅台持仓的心路历程

2020年7月10日

关于贵州茅台的买入过程和持仓经历前文已经详述，本文再次复盘这段经历，我最想告诉各位的是一句平平无奇的话：可知的弄清楚，不可知的不预测、不烦恼，信念坚不可摧。

投资贵州茅台，可知的是：2015年，飞天茅台酒的毛利率常年在90%以上，净利率在50%以上，企业无负债，账上有近400亿元现金，但市值只有3000亿元；贵州茅台每年的产量、工艺特性、市场竞争格局、市场容量；茅台的高管、公司治理、发展规划；等等。这些都是公开信息，可以通过财报、财经类新闻得到，做决定前我们一定要了解清楚方方面面，越细越好。如果有人说收集信息太累，最好有人直接告诉我哪只股票好，那我只能说离开股市也许是你最好的选择。投资不需要打听小道消息，因为非正常消息可能领先市场，也可能是假的。

投资贵州茅台，不可知的是：正如前文《白酒牛市的秘密》中提出的，此轮白酒牛市得益于三个趋势叠加，即中等富裕群体逐渐壮大、

行业向头部企业集中和股市环境改善，这些都属于不可知因素。

在投资中，我是“不预测”的坚定捍卫者。我相信，没有一种理论和方法能够预测未来，人类以现有的智慧还不能知道未来某天的股价是多少。我们要做的是把人可以做的事做好，而不是企图做神。坚持价值是唯一的买入理由，获利的事交给时间。

最后是信念：人与人最大的差距在于是否有信念，没有信念的人不能成就事业。买过贵州茅台的人不计其数，但能够6年持有不动的就少了，其差别就在于有没有信念作为支撑。

需要进一步说明的是，价值不是静态的数据归集，识别价值才是股市最高深的本领。投资特斯拉也能赚大钱，可它至今还没有盈利，以教条的价值投资理论是解释不通的。

61
看什么，不看什么，因何而动？

2020 年 7 月 29 日

如果在古代，碰巧你又是一个读书人，要想成为完美的人，就必须按照孔子立下的规范行事。其中有一条：“非礼勿视，非礼勿听，非礼勿言，非礼勿动。”我自忖是很难做到的。现在少有人想做君子了，都想放飞自己，拥有不一样的精彩人生。这当然不错，也不坏，如果人人像颜回，“一箪食，一瓢饮，在陋巷”，还“不改其乐”，那么经济如何发展？社会如何进步呢？我的经历告诉我，修身、齐家、治国、平天下，做个正人君子和在股市成为一个成功的投资者同样不容易，其要求、过程都是相似的。最重要的是明白看什么、不看什么、因何而动。

我看到一份基金持股统计表，其中一家基金持有的股票平均市盈率为 211 倍。我还是有点意外的，印象中即使是 2015 年创业板牛市也没有到过这个水平。而高瓴资本最近完成的几单定增，百济神州、微创医疗和宁德时代，出的都是天价，就显得更加令人不可理解。高瓴资本的行为，如体型巨大的蛮牛到小水塘洗澡，瞬间抬高了水位，看起来比211倍市盈率的基金更加疯狂。高瓴资本的投资能力已经被市场证明，几年来它让人看不懂的投资总是能获得超高收益，因此，我们不能简单地用一句“胆大唬胆小”来解释这些你没看懂的事。

2015年上半年，你如果只看市净率、市盈率，不看公司的商业前景和专利、技术的未来价值来投资，这半年一定过得很糟糕。下半年开始到现在，你如果只看前景而不重视公司现实的盈利能力和水平，那这5年你不光过得糟糕，甚至会很痛苦，也许会亏很多钱。2019年至今，你如果只看到银行、钢铁等股票便宜，而不重视医药、互联网、新能源汽车等新技术发展带给市场的诱惑和动力，那么投资一定会遭遇挫折。那么问题来了：我们应该怎样面对反复无常的市场先生？是一以贯之，还是随之而动？这个世界存在一以贯之即可获得全胜的投资方法吗？

读了那么多关于投资的书，仍然可能品尝失败的苦果，不是书中理论需要增加新内容，就是我们对价值的理解还没有触及其精髓。2015年以来，我在对投资的探索中有了新思考：投资是买公司不错，但更是买未来，市场只对未来感兴趣；做投资决策的时候，我们重点要看公司未来的商业价值，而非现实的经济价值。

日常我们购买消费品，只看商品的现时使用价值，因为使用后商品本身就消失了，这与投资是不同的。投资的目的是未来退出时获利，所以一笔投资是否成功，关键在所投标的的发展是否符合买入时的预想——这个预想是你独有的而且在未来能成为现实。我们关心、研究公司的现状，实际是为发现它实现未来目标的依据、理由，而不是像对待消费品一样，冲着账面价值和折扣。

高瓴资本的投资决策依然没有脱离价值判断的范畴，只不过它更看重未来价值，并具备做决策所需要的专业知识。市场绝大多数人看图表走势决定买卖，少数看现时账面价值，看未来价值的少之又少，所以高瓴资本很特别，业绩也很突出。看未来需要更多的知识和智慧，这碗饭是不容易吃的。

62

写给自己的一封信

2020 年 11 月 20 日

最近几年，很多私募基金效仿巴菲特老先生，每年年底给投资人写一封信，报告当年的投资业绩，宣讲投资理念，展望市场的未来。这确实是一种恰当而且效果很好的沟通方式。我虽然没有买过任何一份基金，却也收到过几封这样的信，从中也受到一些启发：既然我将股票投资作为安身立命的事业，是否也应该像他们一样，表现一定的职业素养，也每年写一封信，留给未来的自己呢？

新冠肺炎疫情是我遇到过的最大灾情。小时候南京闹过地震，单位领导把家属集中到临时搭建的大棚居住，大人整天忧心忡忡，而我因为年纪小没有感到一点害怕，反而每天很兴奋。但这次我感到害怕了，这样的感觉很长时间没有出现过。

元旦那天，我正在莫愁湖边散步，接到一个短信，是市场管理办公室发来的，通知我今年到期的一个商铺因为承租人不续租而处于空置状态。在此之前几天，贵州茅台发布公告，预计 2020 年业绩增幅 10%，显著低于预期，市场以大跌回应。又过了几天，我精心饲养了

3 年、给我带来很多快乐、已经成为家庭不可缺少的一部分的豚鼠，不知原因地停食了，两天后在我眼前死去。我已经记不清上一次流泪是什么时候，父亲、姑妈去世我也没有掉泪，这一次为一个小动物却流泪了。今年的开局就是这样糟糕，还没等我调整好情绪，紧接着举国震动的新冠肺炎疫情爆发了，到现在全球已经感染 5000 万人、死亡超过 130 万人。病毒还在地球上人口密集、经济发达的地区肆虐，没有消退的意思。

2020 年是我专业投资的第三年。2019 年因为茅台的贡献，我总体取得 65% 的较高收益，不光弥补了第一年的亏损，还促进市值达到个人历史新高。因为 2019 年的高收益，加上面对疫情，2020 年我比较谨慎。我常年满仓的方式不会改变，因此我在思想上做好了迎接回撤的准备。但是有惊无险，结果比预想的好，我获得了另一个高收益年份。

一、持股和收益

持股：贵州茅台，占比 66.6%；信立泰，占比 30%；神威药业，占比 3.4%。

收益：贵州茅台，47.1%；信立泰，52%；神威药业，－25.8%；新股申购，4.5%；账户总收益，48% 左右。

二、操作及点评

2019 年底，贵州茅台公布了低于预期的 2020 年生产和经营计划，股票价格出现较大波动。受此影响，我在 1100 元附近抛出了总持仓的 10%，几天后又在此价格附近买回。2020 年我对贵州茅台就做了这一次操作，是一次情绪波动引发的错误操作，是非常糟糕的经历。当时市场普遍反感李保芳董事长，他提出 2020 年是贵州茅台的基础建设年，并设定10%的增长指标，低于其他高端白酒如五粮液、泸州老窖、洋河股份的指标，也低于市场预期。我的操作受到市场情绪的影响，认同了贵州茅台将进入低速增长周期的主流看法，放弃了对独立思考、独自决策的坚持，不知不觉地陷入单靠业绩增长预测股价上涨的套路。我对大多数基金运用熟练的这个套路一直嗤之以鼻，套用现在流行的一句话，是硬生生把自己活成了自己讨厌的样子。看到新一届董事会的作为，我现在真想对李保芳董事长说一声对不起！这让我想起美团CEO王兴的话：今年是最差的一年，却是今后十年最好的一年。

针对信立泰的操作：我分别在16.9元、18.5元和19元附近多次加仓，最近又在29元附近少量加仓，平均成本在26元附近。3年来，信立泰经历了泰嘉联盟地区集采和支架集采两次落标，经历了多次定期报告中营收和利润大幅下降，经历了市场对大股东和职工股高位套现的猜疑，但我对它的信任从来没有动摇。

针对神威药业的操作：我在5港元以下增加了50%的神威药业仓位，平均成本在5.5港元附近。该股目前的市值基本等于公司的净现金额，不管主业怎样低迷，风险也不大，分红稳定，可以当作现金替代品拿着。如果价格回升到6港元以上，或出现了其他更好的投资机会，或是我需要用钱，我会将部分或全部卖出。

三、展望和策略

新冠肺炎疫情是注定要被载入史册的人类大灾难，对国家之间关系和社会经济、文化、政治各方面已经产生了不可逆的影响，而这个影响的后果还没有完全显现。在经济方面，两个趋势得到加强，一是各国宽松货币政策在短期不可能回头，世界经济只有更糟没有最糟。

在此背景下，优质资产将成为大量资金追逐的对象，估值在高位且将继续上涨。优质资产包括两类，价格长期坚挺的资产和能够不受影响产生稳定现金流的资产。在国内，一线城市的住房已经成为全民“信仰”，仍然会保持稳步上涨的势头，而房地产公司在强势市场背景下会否得到发展壮大，却是另一个问题，不能等量齐观。银行是经济的影子，因经济低迷而产生的所有损失分散隐藏在银行账上，一笔也不会漏掉。我基本上没有买过房地产股票，2 年前清仓了招商银行和宁波银行，以后 3 ~5 年内应该不会再买。另一个趋势是新技术将会得到更加热烈的追捧。全球范围大量的钱找不到好投资品，只能将希望寄托于科技进步，希望科技再一次创造经济增量来满足人类贪婪的欲望。高瓴资本以投资创新为标签，规模已经发展到 5000 亿元，一口气在创新医药上投了 1200 亿元；特斯拉市值可以是知名老牌汽车公司市值的总和；理想汽车的市值超过奔驰；等等，所有的疯狂实际上都有以上逻辑的支撑。

2021 年，我将坚定持有优质资产、拥抱创新的策略，继续持有贵州茅台和信立泰。贵州茅台在提价和产能没有达到峰值的情况下，盈利能力远远没有得到释放，目前 50 倍的市盈率不是盈利能力真实的反映。信立泰则正在走一条充满艰辛的创新之路，如果不是投资它，我没有机会参与这样一项有意义的事业。这样看，成功与否有时也不是那么重要。

补充说明：2020 年 12 月 31 日收盘的数据是：茅台 1998 元，涨 70.87%；信立泰 28.33 元，涨 45.78%；神威药业 5.31 港元，跌 23.04%；加上申购新股的收益，总资金收益率 55% 左右。

63

一股赚了两千元，这些道理才弄明白

2021年2月3日

要想成为一名合格的投资者，大赚一次是必须经历的“成人礼”。大赚教给你的东西，在书本上学不到，从老师那里也学不到。

2015年我买入第一批贵州茅台，以2021年2月3日2189元收盘价计（2021年2月19日达到历史新高2603元），一股浮盈超过2000元，大概是12倍。大赚的滋味我算是尝过了。在投资路上，贵州茅台是我真正的老师。因为持有贵州茅台的经历，以及从中得到的教益，现在我才敢说自己懂一点投资了。虽然已经入市28年，但以前我一直被归在不成熟的投资者之列。

大家肯定要问：你从贵州茅台身上学到了什么武林绝技呢？要让你们失望了，我只不过用实践印证了巴菲特、芒格两位老先生的几句话，不同的是，这几句话现在成了我投资能力的重要组成部分。

一眼看就知是个胖子。若论研究花的时间，我对信立泰付出的远远超过对贵州茅台，而到目前为止，信立泰的盈利却只有茅台的十分之一，可见股市是不相信天道酬勤的，也不相信眼泪。“墙里秋千墙外道”“多情却被无情恼”，信立泰于我就是这样的感觉。持仓信立泰的3年多时间，我不知看了多少资料，硬生生把自己弄成了半个医药研究员。现在如果没有专业人士在场，我都敢假装内行。我去过两次公司，后来放心了才没有再去。而对贵州茅台，我买入时仅仅看了年报和中报，看了几份机构和个人的研究文章，就肯定这个公司被低估了，买入风险很小。正如芒格所言，一个200斤的胖子一眼就能看出来。后来白酒景气大好，高端白酒成为奢侈品和稀缺品，但说实在话，刚买入时，我并没有想到这么多。贵州茅台涨起来后，我更失去了对它的研究兴趣，甚至年报都不想看，这与对信立泰的感觉完全不同——对信立泰，我关心和它有关的一切信息。

好公司如女王皇冠上的珍珠一样宝贵。我所在的证券营业部有10万名小投资者，买过贵州茅台的人很多，但从200元拿到现在的，除了我的11个账户，估计没有其他了。这一两年的市场，资金抱团已经达到极致，你的股票如果不在内，持有将会成为十分痛苦的经历。被当作宝贝、被机构抱团的股票，一共只有那么几十只，每一只都是这个剧烈变革时代的历史标签，是当下最优秀的企业。你如果持有这些企业的股票，请不要轻易放弃，也许它能给你一个不一样的未来。这世界上，人和钱会越来越多，而好的东西只会越来越少。关于好公司的比喻是巴菲特的名言，我在20世纪90年代后期就从书上看到过，直到持有贵州茅台这段时间才真正体会到它的巨大威力。

商业模式最重要。这是段永平先生花了几百万美元与巴菲特吃一顿饭后学到的一句话。沙漠里种不出花。有机体生长以基因为基础，而商业模式就是商业体的基因。贵州茅台成为“股王”，最根本的原因是它具有无与伦比的商业模式。描写它的独特之处的文章不计其数，我讲不出更新的东西。

64

我的医药股投资逻辑

——已经知道了结果，就不要再纠结过程[①]

2019 年 12 月 4 日

如果上帝给了你一张 20 年后的股票价格表，你就不会再为投资担心了吧？你肯定从此不会在意股票的涨跌，每天都过得很快乐，像婴儿一样睡得好。现在的医药股投资几乎就是这样，只不过上帝的表格不是很清楚，具体股票的名称是模糊的。

看了下面的文字，你就不会认为我是在一本正经地胡扯。芒格说：倒过来想，有时更容易看清楚，所以让我们一起倒过来思考。

第一，医药是不是大水池，可以养大鱼？美国人口不到中国的三分之一，GDP 约是中国的 1.4 倍。据弗若斯特沙利文、中商产业研究院等机构统计，2020 年全球药品市场规模约 1.3 万亿美元，其中美国占 20% 以上，中国占约 10%。2020 年全球销售额排名前十的制药企业几乎全是美国企业。中国销售额最多的制药企业是云南白药，年销售额为 47 亿美元，相当于美国销售第一的强生公司的十分之一。目前

① 本文相关数据做了更新。

美国至少有8家市值超过万亿元的医药企业，其中强生公司2021年上半年市值约4300亿美元，相当于2.7万亿元。长期占据中国医药企业市值榜首的恒瑞医药目前市值约3500亿元。根据中国GDP体量和增长势头，结合人口基数加以估算，中国医药市场具备长期高速增长的潜力，出现四五个万亿元市值、十几个千亿元以上市值的公司，不算过分吧！

第二，医药改革后，行业趋势是集中还是分散？关注医药的人都认同行业集中度将迅速提高，那么，现在国内有3000多家药企，20年后应该不会超过500家吧？这个过程在日本、美国都曾经出现过。

第三，大市值公司会在什么样的群体产生？当然是上市公司中！上市就是实力的标志，上市公司比未上市的具有更多融资和吸引合作的手段，更容易得到政策支持，当然也更容易取得成功。医药行业是典型的研发驱动型行业，而研发依赖的是人才和资金，因此上市公司在竞争中占据有利地位。目前在沪、深、港、美上市的几百家公司里（有些明显可以剔除）20年后将会出现四五家万亿元、十几家千亿元市值的公司，中选的概率真高啊！

2018年以后，创新药谈判和仿制药集采的常态化推行已经把大家对医药股的信心给打没了，估计肯定不少人认为我是在做梦。让我们回看十几年前的华为，当时它面对的是巨无霸运营商和国外大企业的直接竞争，它是怎么成为年销售额8000亿元的大公司的呢？如果华为是上市公司，你买了它的股票，每次受到低廉竞标价格的打击，你能坚持到现在吗？

如果你问我上帝的表格中有哪些公司，很抱歉，我也没看清。

65

我为什么要来蹚这浑水?

2020 年 12 月 13 日

2020 年 12 月中旬的一个周末，信立泰发布了一系列公告，又一次引起热议。信立泰在雪球社区有一个特殊的现象，一个并非行业龙头，市值也就中等，经营中规中矩，从各方面看都没有多少新闻价值的公司，却有 18 万人关注，经常上热搜榜前 5 名，而在其他财经类网站一直默默无闻。

巴菲特对业务转型中的企业不感兴趣，确定性是他一生奉行的投资信条中最为关键的一条，现在已经被投资者当作金科玉律，不敢越雷池半步。20 世纪 90 年代我就开始看巴菲特的书，对此有过思考，也基本认同。几年来，花大气力为医药股站台的著名投资者林园，也只投资不需要研发的医药公司。

我跟踪和投资信立泰已经有 3 年多时间了，在 34 元以下以元为单位的几乎每个价位都有买入，股票分散在几个家人的账户，几乎没有抛出。在我不短的股票投资经历中，付出如此真情的次数不多。持有信立泰的这段时间，我持有的贵州茅台已经上涨了 400%，而信立泰还在略微亏损状态。

根据目前的状况，我完全可以走一条平稳的路，把30%仓位的信立泰换成指数基金或港股高分红个股，与贵州茅台一道，静等财富缓慢增长。罗伯特·弗罗斯特在诗作《未选择的路》中写道："黄色的树林里分出两条路，可惜我不能同时去涉足……但我选了另外一条路，它荒草萋萋，十分幽寂，显得更诱人，更美丽……"信立泰对于我来说，就是这样的选择吧。

诺贝尔经济学奖获得者詹姆斯·莫里斯教授的研究表明，人类社会GDP在最近300年增长了100万倍，而向前的300年至1.6万年则几乎没有增长。300年来工具改良、技术进步、科学昌盛、社会组织的进化带来了生产力的爆发式进步，推动人类文明走向更宽广的空间。人类的进化在提速，新的需求在爆发，经济增长更加快速，产生无限商机，投资者的未来是星辰大海，3年的萎靡不算什么。也许你会说人生只有几十年，用不着看太远太长，炒股不能谈情怀。我同意你的观点，但我想从另外一个角度谈点认识。

每个股市都有一颗不灭的创新的心，股市是幻想家和冒险者的乐园。同时，股市具有分散风险的功能，其是为分散风险而生的，也因此繁荣、生生不息。20世纪90年代，开埠不到十年的A股，炒科技概念就曾风靡一时，但那时实在找不到货真价实的科技公司，股民就把东大阿派、综艺股份等与科技毫不相关的公司股票大炒一通，结果自然是一地鸡毛。后来还出现了如养鸡场与清华大学联合研究氢能源，啤酒公司发明治疗肝癌特效药的闹剧。

又过了几年，互联网开始显露"霸主"气势，但因上市规则限制，很多互联网公司都在美股或港股上市，A股的"炒家"没办法，把上海梅林一个生产罐头的公司当成网络公司龙头炒了一番，只因为它开了一个电话送水的业务。我运气不错，当时正好持有 3000 股梅林，赚了 2 万多元，这也是我在互联网这个改变人类命运的革命中赚到的唯一一笔钱。

六七年前，我因为工作跑遍了江苏 20 多个保税区和开发区，对新型医药创新公司的兴起印象深刻。在无锡，我看到阿斯利康的智能仓库；在苏州，我看到人工关节制造车间；在泰州，我看到几年间现代化的医药城拔地而起，归国人才济济一堂；在连云港，我看到恒瑞医药、康缘药业气派的工厂。看到这些变化，我当时就强烈预感到一个与互联网浪潮不相上下，甚至意义更大、影响更加深远的医药创新大潮即将到来。我的一生中经历了两场科技革命，我已经完美错过了其中之一，不想再错过另外一个了。

与互联网不同的是，在这一次机会面前，A 股投资者的优势大于美股。全国最好的公司你都可以买入，或通过港股通买入，而且国内医药产业在政策的引导下已经开始发生根本性变化，创新由跟跑向超越挺进，这正是投资者该下注的时候。

66
构建自己的“护城河”

2021年3月14日

“出来混，迟早要还的”，周星驰的这句台词以无厘头的方式被许多人记住并认可，但我始终觉得它像均值回归理论一样值得怀疑。适者生存、弱肉强食、用进废退才是现实世界的本色，平均主义、大同世界只存在于少数幻想家的脑子里，从来没有在现实中出现过。在这个星球，竞争与有机体一样古老，无处不在。

“护城河”的发明权归巴菲特老先生，是他最重要的理论贡献，他因此赚到1000亿美元。“护城河”也是价值投资理论的核心内容，与“安全边际”等一起成为价值投资大厦的基石。“护城河”描述的主体是企业，但我发现不只如此，只要涉及竞争都适用，因此其对个人的奋斗、发展具有切实指导意义。

据报道，截至2020年，我国证券市场个人投资者达到1.63亿人，公募基金7600只，私募基金8.6万只，除此之外，市场中还有众多的外资、国家主权基金、保险基金、企业年金、企业集团资金、信托资金等。这样一个超大市场时刻充满着激烈竞争，机会和风险交织，对每一个市场主体提出了同样的要求。你满怀信心而来，将积蓄、时间、精力和希望投入进来，想没想过万一失败怎样面对？在证券市场赚钱的比例是20%，赚大钱的比例不到万分之一，你凭什么能够成为众人羡慕的王者呢？

我所在的证券营业部有一个非常特别的投资者，他从2010年开始确立了自己的投资策略，并严格执行。他只做超跌反弹，即在个股、大盘大跌的时候买，在股价反弹10%~20%后抛，全仓进出，发现与预想不同就立即斩仓。2015年以前他在股市得心应手，赚了很多倍；2015年，这一策略对单边上涨的市场环境不适应，牛市中反而不赚钱；2018年失去节奏，亏了一些，之后一整年不操作。10年的坚守，他用几十万元获得初步的财务自由。据认识他的朋友说，这个人看起来很普通，即使到现在，他对经济社会、股市和个股也不是很了解，认识上更没有过人之处，他的“护城河”就是日积月累磨炼出来的盘面感觉和一点天分。我并不认为他的路别人可以再走一遍。我觉得通过知识积累和深度思考，提高预测和判断能力而获得超额收益更具普遍性，是股市唯一可以被重复验证的方法。但我不排斥另类的方法，举上面的例子只是要说明具备自己的“护城河”是多么重要。

我跟踪信立泰已经3年多了，账面收益还没有大起色，但我对新药创新领域产生了兴趣，决心在此开挖我的“护城河”。新药研发的门槛非常高，不是业内人，靶点、作用机理、临床结果能读下去已经不容易，更别说要看懂、理解、分析和判断。但是，“世之奇伟、瑰怪，非常之观，常在于险远，而人之所罕至焉，故非有志者不能至也”。人少的地方机会多，这些理由促使我不知天高地厚地踏进这个领域。托互联网的福，我虽然是外行，但FDA、CDE、ASCO、AACR

（美国癌症研究协会）、WCLC（世界肺癌大会）等机构却很专业，我可以参考它们的判断。优先审评、快速通道、突破性疗法、孤儿药资格以及权益交易等都是重要指标，综合这些数据，判断结果就不会太离谱。

人类最爱的是自己，最关心的是寿命。秦始皇一统天下后只有一个理想，就是长生不死。因此可以断定，健康产业是永恒的产业，是未来规模最大的产业，其中蕴藏着无限商机。

67
寻找创新药公司的确定性机会

2021 年 5 月 8 日

研发驱动型公司存在技术替代的风险，因此巴菲特一辈子几乎不沾科技公司的边，不过最近似乎有了一点变化。比亚迪占伯克希尔的持仓比例虽小，却是无法用巴菲特一生奉行的投资理论来解释的。

医药创新是存在高度不确定性的事业，其风险主要有三个。一是研发失败。例如 2021 年 3 月 4 日，百奥泰生物制药股份有限公司宣布在研的 BAT8003（注射用重组人源化抗 Trop2 单克隆抗体 - 美登素偶联物）和 BAT1306（重组人源化抗 PD - 1 单克隆抗体注射液）终止临床试验，股价因此几乎跌了一半。再例如，2021 年 4 月 9 日，康弘药业发布公告，停止康柏西普眼用注射液全球多中心临床试验，这意味着其被市场寄予厚望的核心产品康柏西普“出海”失败，股价因此跌掉了三分之二。二是研发进度被赶超，使本来“吃肉”的预期变成了“喝汤”。例如，目前国内 PD - 1 项目已经获批了 6 个，临床研究阶段还有 80 个，全球不少于 120 个，其中绝大部分企业“连汤也没得喝”将是必然的。再例如，天士力的丹参滴丸在美国的临床做了 20 年，没有失败也没有成功，有人认为这个临床试验已经异化为营销手段，目的不再是创新而是国内销售；诺诚健华的奥布替尼从临床到上市只用了39个月，从而撑起350亿元的市值，同样是临床，它和天士力实际上做的是两种事情。三是被跨界打击。如随着PD－1、双抗、细胞治疗、基因编辑、核酸药等技术的成熟，业界出现了癌症无化疗的提议，如真能实现，紫杉醇、多西他赛、吉西他滨等就要退出历史舞台，对应的专利也将一文不值。

我为什么要投资医药创新？可以拿出来说的理由是：满足未被满足的需求，为人类做贡献。我相信很多科学家、企业家有这样的情怀，但不可否认商业前景是更多人考虑的核心问题。我国每年新发癌症500万人，按国内治疗的最低标准每人每年10万元算，就是5000亿元的市场增量，还不包括更大的存量。可以预见，新药革命的风已经刮起来，会越刮越大。

在新药公司中找宝贝，核心的技能是在高度不确定性中找到确定性。2018年开始，港股以18A规则上市了一批医药企业。为竞争所逼，不久A股科创板也开通了，也允许无产品、无销售公司上市。从确定性、市场的滞后认可、市场空间等角度，我选择了诺诚健华－B（已经抛掉）、亚盛医药－B和康宁杰瑞制药－B几只股票。这段时间它们的股价表现明显好于群体平均水平。

我投资这类公司的主要经验是把握两条主线。一是自然增长线，获取平均利润。新药研发不仅要投入巨大资金，更关键的是要花很长时间，因此如果市场先生的态度不变，也就是估值标准不变，随着时间和资金的投入带来的临床进度的推进、研发里程碑的逐个实现，公司的价值一定会提高。这是一个秘密，意味着拿着头部几个公司的股票赚钱是确定的，只是有时快有时慢，涨多了，停一停、回一回，但方向不会变。例如信达生物制药，2018 年 10 月上市，有一个原创新药达伯舒，估值 250 亿元。这几年，信达生物制药陆续上市了达攸同、苏立信、达伯华 3 个生物类似药，估值自然到了 1000 亿元，而且这个过程会延续。3 年 4 倍的收益已经非常高了，其中有市场“起风”的因素，也有公司地位被确定的溢价因素，仅仅自然增长应该没有这么高。二是先于市场主流发现差异化价值。创新型公司的价值确立是通过市场标签来实现的，这在药品研发上表现得更为明显，更为程序化。优先审批、快速通道、突破性疗法、孤儿药、大牛人加入、新药权益交易（BD）、美国临床肿瘤学会（ASCO）年会等会议宣布研究数据、与大企业合作研究等都是市场标签。如果一个小公司经常获得这些标签，投资人就要警觉，要以研究金矿的劲头来对待。亚盛医药 – B 一个在 ASCO 口头公布临床数据的公告，就导致股价上涨 30%，这在该领域的投资实例中比比皆是；美股就更加夸张了，一天可以涨 10 倍。

68

个人投资者会有美好的未来吗？

2021 年 6 月 17 日

海通证券和嘉实基金联合举办了一场走进基金的活动。海通证券常府街营业部有 10 万客户就只分到一个名额，他们把这个难得的机会给了我，我感到非常荣幸。2021 年 5 月 15—17 日，我和营业部李经理一道赴上海参加这项活动。通过这次活动，我近距离接触了几家基金公司，并得以了解其投资决策过程。

上海景林资产管理有限公司（下称“景林”）这几年在证券市场声名鹊起，它下重手投资拼多多、B 站、美团、特斯拉的故事被股民广泛传颂。其实，景林已经成立 17 年了，活跃在美、港、A 股三个市场，做得风生水起。现在基金规模已经超过 1000 亿元，在私募中名列前茅。基金 17 年年化收益率 24%，极其优秀。嘉实基金则是著名的老牌公募基金，管理资金 1.2 万亿元，个人客户超过 1 亿人。其管理的保险、社保、医保等“国家队”资金超过 8000 亿元。嘉实投研部有 300 多人，具有国内少有的投研能力，20 年年化收益率 17%。

这次调研中，我近距离看清了基金投资决策的全过程；看到面对同一个市场，基金相比于散户具备的巨大优势。基金已经利用科学方法将投资变成一项程序性工作，赚取利润就像工厂生产出产品一样，成为必然，而大部分散户还停留在看图交易时代。景林自创了一套360度调研体系，从目标公司本身，到其上下游企业、竞争对手，还有监管部门，无死角查考，一般对一个企业的调研要花一年半时间。调研完成后，还要进行头脑风暴，深入辩论，之后基金经理投票，赢得超过50%的赞成票才能进入核心股票池。研究员则要将标的企业今后数年的现金流算得一清二楚。这样的流程，可保证大概率赚钱，而不是靠运气，并能做到买入后不在乎市场的波动。长期高频跟踪，不断证伪，才能拿得住牛股。基金公司可以依靠团队的力量，做起来很轻松，这也是一个显著的优势。

市场上ROE长期保持在15%以上的企业只有100多家，只有3%的企业能够使业绩持续增长，买入并长期持有其中的优秀企业是获得高收益的唯一办法。现实中有多少个人投资者能够做到呢？张坤管理的基金6年赚了8倍，但遗憾的是20%的基金持有人是亏钱的，其中10%的人亏20%以上，因为他们把基金当股票做，多次买入、抛出，也许这才是真实的散户现状。个人投资者在未来的市场还能有一席之地吗？调研之后我很悲观。

杂谈篇

69

中山东路200号股市沙龙“风云人物”

2019年3月25日

我刚进股票市场的时候，流行股市沙龙，就是炒股的人聚在一起聊天吹牛。那时没有互联网，除了报纸杂志，股民获取信息主要靠沙龙里口口相传，炒股不去沙龙就像盲人上战场打仗一样危险。小道消息多的地方，奇闻逸事也特别多，去股市沙龙很快成了我工作之余的一大乐趣。

中山东路200号中国人民银行大台阶的下面是当时南京最红火的股市沙龙（我称它为200号沙龙），三教九流汇集，牛头马面扎堆，甚至影响到交通。交警也不怎么管，因为股民大都脾气不好，扎堆的股民更不好惹。

我在沙龙认识了形形色色各路人，其中有两位令我印象十分深刻。

第一位是个小个子，有人叫他小郭，有人叫他的外号“小麻雀”，因为他长得太容易让人想起麻雀。他大概30岁，身高只有1.6米左右，但浑身上下收拾得干净利落。很长一段时间，他是200号沙龙唯一的主角，也是一位很有激情的演说家。后来我知道他只是一名普通工人，这一点出乎我的意料。最常见的场景是这样：他倚着一辆崭新的自行车，被一大群人围着，期待变富的人们把他捧成了“财神爷”。讲到激动处，他会站上自行车后座，有人自发扶着，有人不作声递可乐表示敬意。他往往推开可乐，拿起自己的那个超大茶杯，用劲喝一口继续说：“看到我的头发了吗？对，今天刚剃的，股市就像我的头发一样，以后只会涨不会跌了。”说完，便狠命一笑，笑到脸揪起来，甚至让我感觉看到了他出生时的样子。现在想起来，这也许就是他人生的高光时刻吧。

不知什么原因，后来小麻雀不来了，再后来更多的人也不来了。有次我无意间提到他，旁边一哥们一脸不屑地说：“他啊，净吹牛，一百股一百股地买股票。”我这才知道心中的老大原来是比我还小的散户。

第二位是一个卖代码的人。

如果不是亲眼所见，我也不相信真有靠卖第二天上涨的股票代码而赚钱的事情。200 号沙龙就有这样一个人，一眼看上去，你就会感到他是个特别的人，不一样的人。他身着一套油腻的皱巴巴的西装，说话不爱与人对视，简短但坚决，神情好像在说：这我都知道，你们需要的答案我都有，你们这些笨人还不快求我。他经常在距主场有一段距离的地方，会有一小群人围着他，基本上是年纪比较大的股民。他摆着瞧不起任何人的招牌神情，重复着“要涨”“要跌”几个词。有人要买代码，他会神秘地递一张小纸条，收 10 元钱，叮嘱道：“回家再看。”那时 10 元钱可以买 3 盒盒饭。

我一直好奇这人的来历，疑团直到一次逛堂子街的旧货市场才解开，我看到他拿着一大把气球和小杂货。那天他没穿西装，神情是谦卑恭顺的，看到我他快步走开了，分明是认出了我。

200 号沙龙早就散了，现在信息唾手可得，再也没有聚集的理由了。再回想起沙龙里的“风云人物”，仅仅因为我和他们的交集发生在我最好的年纪，我才怀念那段时光。我的青春就这样过去了！

70

到了“知天命”之年，有些钱就不要赚了

2019 年 10 月 14 日

单位有年息 7.5% 的理财产品，几乎没有风险，我就告诉了丈母娘。我知道她在银行有一笔 100 万元的存款，年利息只有 2.5%。但她听了说自己没有兴趣，理由是不想赚钱了。她今年 81 岁，我非常理解她的决定。有钱的人整天担心货币贬值、资产损失，而最应该担心的是钱对于岁月失去价值。20 岁的 100 万元也许可以相当于 50 岁的 500 万元、80 岁的 800 万元，而 80 岁以后钱多钱少没有太大差别。

到了“知天命”之年，有些钱就不要赚了。

一是代人理财的钱不要赚了。诚信且有责任心的人帮人理财，一定会给自己增加很大压力，极易造成身心疲惫，年纪大了还沉迷其中是不明智的选择。用自己的钱投资和用别人的钱大不一样。如果成立正规的基金，还要每月关心业绩排名，日子一定过得非常难受。这一领域，只适合有雄心和技能、自有资金少的年轻人。

二是加杠杆赚额外的钱就不要做了。到了 50 岁，你财富的基数已经定了，如果你是赚钱能手，这时一定非常富有，再冒一切归零的风

险就不理智了。

三是高风险、高收益的项目就不要参与了。例如，期货、困境反转的股票、初创高科技企业的投资等。不熟悉的领域和企业尽量回避，只赚确定性高的钱。

投资的目的是过上美好生活、追求新知识和真理、得到别人的认可和尊敬。如果因为投资，破坏家庭，影响生活，失去乐趣，损害健康，一定是走错了投资之路，不投也罢！如果你把赚钱当作兴趣爱好，乐在其中，我也就不好评论什么了。

71

股票投资者的终极追求是什么？

2020 年 4 月 22 日

两年前我做了一个艰难的决定，放弃待遇优厚和社会认可度高的政府机关工作，做一名自由投资人。自由的生活状态是很多人向往的。

这两年因投资我日子过得富足、悠闲，但并非到了无烦恼的天堂。有个问题时常在心头闪过，困扰我好长时间：我是否成了一个对社会毫无价值的闲人？我所谓的事业是否属于钻政策漏洞、投机取巧一类呢？

股民很少有正面形象，在电影中的结局一般是上吊、跳楼或投河，接受改造重新做人已经算最好的了。年轻人找对象，千万别说自己以炒股为生，否则即使姑娘同意，恐怕也难过丈母娘的关。其实，我常替丈母娘们的智商着急，年纪轻轻就靠股市养活自己，能力先不论，最起码小伙子得有一笔不是小数的本钱吧？这是实力的标志啊！林园说自己对社会没有贡献，就是一个食利者，我十分替他惋惜。

股市本身无好坏、善恶之分，能够长期存在、运行，是因为人类社会经济活动的需要。造假、造谣的骗子不会因为在股市而变好，当然也不会因此而更坏，他们在哪里都要骗人，不能把他们的罪恶算在股市身上。以投资为事业的人可以堂堂正正地生活，在股市赚的钱与通过其他合法方式得到的有同等价值，不要过意不去。

股民对社会的积极作用在哪里呢？

第一，他们是公平正义的自觉维护者。公平正义是证券市场存在的基石，长久的公平正义是投资者利益的根本保证，破坏者及其行为是砸投资者的饭碗，因此彼此成为死敌。制造康美、康得新、乐视、蓝田等骗局的这些人，本来与我无关，但我依然会见一次骂一次，在可能的范围揭穿他们的伎俩，给新人以提醒。我对任何嘴上跑火车的公司都避而远之，不赚一分这样的钱。当坚持公平正义的人多了，骗子就会失去生存空间。

第二，他们是建设法治社会的积极践行者。证券市场离不开法治环境，这已经是一条公理。我的体会是，投资不是一买一卖的事，长期关注一家公司，积极了解、参与治理才是完整的投资过程。一场投资下来，几年、十几年、一辈子，与公司共同成长，学到的东西、长的见识、接受的教训要比账面利润丰富得多。你在努力的同时，改变了自己，也影响到社会。公司有违反法律法规而损害小股东利益的行为，投资者要据理力争，坚决维护公平正义，维护法律的权威。如贵州茅台成立销售公司的事，和后来发生的违规捐赠风波，就是在小股东的共同努力下得到了控制。

第三，靠股市成功的人最后很多成为善良的人。巴菲特等成功的投资者最后都成了慈善家。很多人赚钱后仍然过着清苦的生活，因为赚钱不是他们的目的，精神的升华才是。他们享受的是投资过程而非投资结果。投资本领高的人比一台印钞机赚钱还快，赚钱已经不能产生愉悦，他们会走到帮助他人的道路上去，会热心于社会公益事业，对社会而言是积极的力量。试想，如果我们的股市发展顺利，因此产生了一大批这样的人，社会不是会变得更加美好吗？

72

买基金的人都是活雷锋

2020 年 10 月 13 日

有人花很多精力研究基金，甚至著书立说，对此我难以理解。长期来看，能跑赢指数的基金是一小部分，也就是说，在选基金这件事情上，你随手买个指数基金，结果一般要好于经过仔细研究的决策。

基金是个天生存在缺陷的金融产品，而且这个缺陷难以弥补。基金管理人和持有人目标不一致，奖励机制不统一，比如，很多基金在亏损的情况下仍然按规模收管理费，天底下少有这样不合理的事。他旱涝保收，你承担全部风险，如果赚了他还要分成，比黄世仁、周扒皮狠一百倍。李录的喜马拉雅资本收益率 6% 以下不收费，6% 以上拿 20% 分成，算比较良心的设计。李录有 20 多年经过第三方验证的投资记录，在国内难有人可以比肩。

还有，基金赚的钱分不清是靠运气取得还是靠管理人的本领，如果赶上好行情，客户自己买股票也许收益更高。基金管理人最在意规模，因为规模是管理费的基数。绝大部分基金为了做规模必须争排名，由此必然扭曲投资行为，将持有人的资金暴露在风险之下。

在监管层面，对基金不像对上市公司一样要求严格，信息披露要求简化，持有人难以对基金内部情况了解清楚。对基金，你判断的主要依据是其历史收益率记录，而这个记录因为时间不够长和管理人团队的变化等，变得十分不可靠。基金还存在道德风险，在法治不完善的市场，这个问题就更加普遍。看到有基金高位买入康美、乐视、康得新等明显风险巨大的股票，我就替基金持有人感到悲哀和愤怒。

2019 年，我国公募基金已经有近 6000 家，有规模的私募也有 2 万多家，还不包括已经解散的。最近 10 年收益前 10 名的基金，业绩要远远小于贵州茅台、伊利股份、格力电器等股票的涨幅，长期收益超过前 10 名基金的股票我估计不会少于 100 只。在 3 万个中选 10 个比在 3000 个中选 100 个哪个更难，这是小学生也不会算错的题目，而股市中许多有硕士、博士学位的人却不会算。我入市至今没有看过一家基金，也没有动过买的念头，哪怕是一瞬间。我不相信基金以在股票之间换来换去的策略，可以胜过持有一家优秀公司。

73

中华控股的繁荣和衰落

2020 年 10 月 25 日

申华控股（原名申华实业）是我入市后赚到第一笔“大钱”的股票，虽然只有两三万元，但已经足够震撼我当时弱小的心灵，促使我在股票投资这条艰难的路上坚定地走下去。现在想起来有点后怕，那时我是多么无知啊！如果在申华控股的操作中翻了船，我的人生也许就是另外一个样子了。

申华也辉煌过，它成立于 1986 年，开始就是一个街道办的小厂。1990 年上海证券交易所成立，首批有 8 只股票挂牌交易。上海重要的国有企业如上海石化、宝钢等，都没有被选中上市，申华这种无足轻重的企业却阴差阳错受到命运女神的垂青。后来，三四十家企业陆续上市了，形成一个袖珍的市场。经过第一轮原始股热潮后，二级市场渐渐冷静，全市场的交易量每天在 1 亿元左右。当时，国有股不能流通，而爱使股份、延中实业、申华实业、飞乐股份和飞乐音响 5 只股票没有国家股，全部股权都可交易，而且大股东持股比例在 10% 以下，理论上可以通过在二级市场收集其股票而获得公司的控制权，被市场称为“三无概念”股票。很快，敏感的资金便采取了行动，深圳的中国宝安集团、君安证券、万科等公司在市场收集“三无概念”股票，并在持有达到股本的5%以后按《证券法》规定公告，在上海股票市场引发轰动一时的延续几年时间的收购大战。

有一天中午，我在证券交易大厅看行情。中午公布了君安证券持股申华达到5%的消息，下午开盘，股价直接从33元左右上蹿，最高达到79元。我被惊得目瞪口呆，从此才知道收购的威力和股票市场的暴利。这一轮收购我没赶上，胆小没敢跟，中山东路200号的股市沙龙有个叫“刀子”的人，靠在夫子庙卖服装练就的商业感觉和胆略，在下午开盘后以45元的价格买入，获得了一帮人追捧。我在申华上赚钱是一年以后的事了。经过送股和市场情绪的冷却，申华的股价回到了13元附近，有一段时间开始莫名其妙地连续拉小阳线，一共有六七天。我感到可能有事情要发生，于是买了2000股。这在当时，我已经是下了大决心，因为这个持仓已经超过了我股票资金的一半。过了大概两周时间，君安证券举牌申华的消息才公布，此时股价已经到了16元，下午开盘直接上了20元。那天我要去无锡出差，火车票已经买好，于是拎着行李在交易大厅看盘，直到不得不离开。申华这一天涨了25%，我在无锡看到价格后感到的不是兴奋，而是特别踏实。奇怪的是，后来我在其他股票赚到真正的较大的钱时，也是这样的感觉。

后来申华被华晨集团控股，主业改为乘用车制造，我就彻底离开了它。20多年间，我没有再看过一份它的定期报告，也没有主动查阅过它的资料，就像缘分尽了的恋人，最好的方式是相忘于江湖吧。但还是有一些消息闯进我的视线，如改名、投资新能源、送股、卖资产、收购大股东资产、亏损，直到这一次控股股东出现事先毫无征兆的债券违约。现在的申华已经不是那个万众瞩目、人见人爱的上海妹子了，她已经历尽沧桑，变成了一个行将就木的老太婆。申华的老总翟建国在大股东改变后也离开了，几年后他又一次到达人生高峰，携一家初创环保公司上市。不知他再次在众人羡慕的目光中扬起手臂敲钟的时候，有没有在心中闪过申华的影子。

一个平凡的小角色，赶上历史的大机遇，在舞台中央聚光灯下站立了几分钟，终究是要归于寂寞的。但在这场短剧中的人和事，值得我们事后回想、思考，有很多必然的东西值得总结。回顾与思考，我是这样认为的：在市场经济的大潮中，历史机遇造就了申华，大股东的恶意、法治的不健全、市场经济起步阶段的待完善和人性的贪婪，是申华走上不归路的决定性因素。申华本来是个喜剧，却以悲剧谢幕。

1996 年以来的 24 年，申华控股上涨了 30% 左右，还好，没有直接清零。一贯认死理的我这次没有坚定持有，否则可能要输掉一生了。不过我还是要感谢申华，因为它，我经历了一段真情岁月。

74
连云港、恒瑞医药和康缘药业

2020 年 12 月 23 日

我的工作性质，需要我对各地的经济、社会现状有所了解，为此我经常到全省各地调研，各市县政府和企业人员也时常来南京报告和交流。连云港距离南京最远，那时不通火车，即使现在仍要 3 个半小时的车程，去一趟不容易，可我至少去过十几趟。在全省 13 个地级市中，连云港是相对比较让人闹心的一个。苏州、无锡等市取得了巨大成就，出成绩的原因也一目了然，可具有独特区位和政策优势的连云港就是发展不起来，GDP 长期居于全省倒数第二，其原因还真不好找。

这里我说一件小事。连云港是国务院批准的第一批 14 个沿海开放城市之一，那是在 1984 年。从那一年开始，连云港白塔埠机场申请开放，断断续续几个来回，直到 2015 年 9 月才获得批准，是全省 9 个机场中的最后一个。盐城、无锡机场从 2012、2013 年开始申报，同时改扩建国际候机厅和跑道，到获批都只用了不到 2 年时间，为富士康项目而特批的涟水机场还要更快。当然，以上只是我个人在工作中的体验。

我写这些，并不是替连云港反思，而是为了看清恒瑞医药，它起步于连云港。

我认为江苏最牛的企业是恒瑞医药，不是苏宁，更不是沙钢集团、海澜之家。苏宁名气更大，但两者之间真的有燕雀和鸿鹄之差距。恒瑞医药外加一个翰森制药，市值超过7000亿元，在未来全球最大规模的医药市场，把一哥一姐的位置拿捏得死死的（这个位置被药明系股票最近的强劲上涨动摇）。这完全是一个奇迹，可与华为相提并论。

恒瑞医药一定有一部令人荡气回肠的创业成长史，可惜内部细节我们现在无从了解，仅从外部来看，恒瑞医药的决胜之招是：最先且最坚定地把宝押在了创新上。创始人孙飘扬1990年接手，1991年就花120万元从中国医学科学院药研所买下抗癌药异环磷酰胺的专利，不断巩固其在肿瘤治疗、造影剂、麻醉领域的优势。2011年首个创新药“艾瑞昔布”获批上市。现在的恒瑞医药，营收200亿元以上，研究团队拥有2000名硕士、博士，销售团队超过1万人，在上海、成都、连云港和美国设立了研发中心，手握5个创新药专利，国内医药业未见出其右者也。董事长孙飘扬，从名字看应该属于道家一派，可他偏偏是个实干家，放眼天下，唯有华为的任正非可以与之华山论剑。

除了恒瑞医药，康缘药业也有一定的影响力。10年前康缘药业是中药创新的标志性企业之一，它研发的热毒宁注射剂获国家科技进步二等奖和江苏省一等奖，高峰时年销售额达到30亿元。创始人萧伟与孙总经历相似，大学毕业分回连云港进入濒临倒闭的小厂，然后带领全厂全力转型创新，取得辉煌胜利。唯一不同的是，康缘药业倾注热情的领域是中药，恒瑞医药的则是现代医药。开始时康缘药业、恒瑞医药站在同一条起跑线，十年前康缘药业市值50亿元、恒瑞医药500亿元，现在康缘药业60亿元、恒瑞医药已经5000亿元了。

我持有过康缘药业3年时间，没有买过恒瑞医药，一直引以为憾。于是，我把这口气撒在了信立泰身上。2014年单位组织赴美国考察，有个团员来自连云港，途中我们聊股票，他告诉我他买了恒瑞医药。一路上他恭维我股票知识丰富，比他厉害得多，现在才明白他是正话反说啊。

75
炒股岂为稻粱谋

2021 年 1 月 5 日

我开始接触股票的时候，有两位比较有名气的江苏籍股评人，一位是在深圳的安妮女士，另一位笔名叫简直。那时候“正经人”不炒股，就更不会去做股评，因此股评的门槛比较低，只要入市早，又蒙对过一两次，很可能就成为知名股评家了。说这些，不是要表示对安妮和简直的不敬，相反，他们敢为天下先的勇气，让我由衷地敬佩。

简直姓王，他父亲王工正好是我原来单位的同事。可惜我上班不久他就退休了，因此不很熟悉。有一天，王工来单位参加退休老干部活动，办公室正好只有我一个人，我们就聊了几句股票。他们一家在证券公司营业部包了一个单间做股票，每天市值的变化有几十万元。他的话彻底把我惊到了，那时我的月工资只有几百块钱，完全不能想象他这样的人如何平静地度过每一天。

1997 年前后的一天下午，我的券商组织了一次大型股评报告会，地点在大行宫会堂，这是当时南京比较大且高档的会议场所。安妮是个胖胖的中年女士，语速很快，长于渲染，往往言过其实。演讲中她以轻蔑的口吻说，很多人来股市是为了赚柴米油盐的小钱。因要赶飞机，讲完以后她就先离场而去。接下来上台的是简直，他第一句话就说，“我来跟大家讲一讲赚柴米油盐小钱的方法”，顿时场内爆发雷鸣般的掌声。这件事给我留下了深刻印象，也改变了我对股民结构的认知。老单位还有一个岁数较大的女同志，退休后也开始炒股，遇到时她常笑嘻嘻地对我说：“股票财神袋，没钱炒起来。”5·19 行情之后，我再也没有见过她。

还有一次，我参加一个小范围的股评报告会，有幸当面聆听杨百万的教诲。他的那一套东西，被当成武林最高的内功心法，在场的每个人都迫切地希望学到他的本领。我虽没有记住他传授的方法，却意外记住了他讲的一个笑话。他说大部分股民买菜会跟小贩还价，为一毛钱可以讲半天，而在股市上亏三千元却很爽快。他还加重语气笑道：“你为几毛钱费尽口水的时候，一车鱼被人偷走了而毫无知觉。”

那么，我们到股市来的目的何在呢？每个人有不同的答案，甚至每个人在不同时期都有不一样的答案。每个人都有需要解决的问题，没有高低贵贱之分，基于实际，能实现的目标就是好目标。对大多数普通人来说，就是为生活而奋斗，就是解决柴米油盐酱醋茶的问题，他们的每一分努力都值得尊敬。如果你少有奇志，将投资股票的目标设定在满足日常生活之上，不仅是满足个人财务自由需求，还推而广之，想影响更多人，帮助更多人，那就更有价值了，也会得到更多人的尊敬。我当然更希望看到这样的投资者。

76

《江村经济》读后感

2019年4月8日

我早就知道《江村经济》这本书，直到最近才有心境和时间静静地读一遍，读完就像吃了一顿好饭，满足、痛快、唇齿留香。这原是费孝通先生的博士论文，被其导师马林诺夫斯基誉为人类学实地调查和理论工作发展中的一个里程碑，获得英国皇家人类学会颁发的赫胥黎奖章等重要奖项，奠定了费先生在该领域的终身地位。

本书以20世纪30年代位于江南的吴江县开弦弓村为样本，对农民的生活、家庭、社会关系，经济、社会组织和政府各方面进行了细致描述，将一幅尚未受到工业文明和现代化影响的旧江南水乡的真实画面展示在读者面前。我对其中土地制度的描述尤其印象深刻。

当时一块土地被分成两层，田底和田面，所有权可以属于一个人，也可以分属不同的人。同时拥有田底和田面是完全所有，只拥有田面所有权叫佃农，只拥有田底所有权叫“不在地主”。“不在地主”负责向佃户收租、向政府交税，没有干涉土地耕种的权力。1930年前后的一段时间，江南农村行将凋敝，经济到了破产边缘。主要的家庭副业养蚕因为日本工业化生丝的竞争已经难以为继，使得家庭收支出现较大缺口。农民基本无法得到国家或其他正规渠道的贷款，为了支付地租、准备开春的粮食生产或婚丧嫁娶，不得已借高利贷的现象非常普遍。高利贷的利息在月息12%～50%，依据借贷双方的关系而定。还不了的借款人最后只好把拥有的土地的田底所有权转让给出借人，而出借人有的是城市的商人或企业主，他们不住在农村，这就是“不在地主”的来历。

土地是农民的命根子，出卖土地被认为是败家行为。一个农民向作者表述了对土地的认识：地就在那里，你可以天天见到它。强盗不能把它抢走，盗贼不能把它偷走。人死了地还在。到了费先生进村调查的时候，开弦弓村基本上三分之二的田底所有权掌握在城里的“不在地主”手里，可见一场源于土地、席卷全国的深刻革命就要开始了。

费孝通先生的姐姐是费达生先生，当时费达生先生正在开弦弓村推广从日本引进的家蚕良种和新式养蚕技术，给调查提供了帮助。费达生先生是苏州蚕桑专科学校（1903年创办，已与苏州大学合并）的校长郑辟疆先生的夫人，而我曾经在这个学校就读，也算是有一丝渊源，因此读起来感到亲切。

77
读《文明、现代化、价值投资和中国》有感

2020 年 9 月 14 日

开埠 30 年的 A 股市场，已经拥有 4000 多个挂牌公司，投资者超过 1.6 亿人。投资理念像春秋战国时期的文化一样繁荣，百家争鸣、百花齐放。但不管是长线还是短线，是趋势判断还是基本面研究，是巴菲特、彼得·林奇还是格雷厄姆、费雪的门徒，表面上每次投资都由买卖两个简单的动作组成，交易背后却隐藏着千差万别的理由。买卖只是一扇虚掩着的门，其背后有的金碧辉煌，有的残垣断壁，有的如星辰大海一样深邃广阔，有的局促到没有立锥之地。要找到属于自己的门，登堂入室，需要全身心投入，也许要花费一生的时间。这就是我读这本书的初步感受，或者说这本书加深了我埋藏在心底的这个认知。

我有三个半佩服的投资人，他们是李录、张磊、段永平和林园，林园算半个。正好，我佩服的前三个人有相似的经历，都是接受了国内的基础教育和本科教育，到美国继续深造，长期生活在美国，最后取得了巨大成就。李录的经历更加奇特，他的投资启蒙受之于巴菲特，

作为查理·芒格的门生兼受托人长期伴随其左右，得以近距离观察和接受指导。他大学本科时期对物理世界感兴趣，在自然科学的海洋汲取营养，到哥伦比亚大学后对西方历史、艺术、宗教、经济等产生了新的兴趣，并阅读了100本西方文化的经典著作，打下牢固的西方人文知识基础。因为他在社会活动和人文领域研究取得的突出成绩，其生平被收录于美国国家历史博物馆，并被评为美国人文和科学院院士。他创立的喜马拉雅资产管理公司取得了杰出的投资业绩，管理资产规模超过100亿美元。

严格算起来这不是一本谈炒股的书，主要篇幅写的是人类的进化过程、文化的演化过程、农耕文明、工业革命、信息革命和现代化等，也写到价值投资的内涵和投资实例，用一系列亲身经历来证明他提出的观点。作者叙事平和而顺畅，有些复杂的问题用简单几句话就说得清清楚楚，让人茅塞顿开，畅快淋漓。书中智慧的火花随处可见，令人印象深刻，我简要摘录如下：

所有的邪恶都是因为缺乏知识。（戴维·多伊奇）

人类不再只是蜗居于茫茫宇宙偏僻一隅的化学浮渣。（霍金）

人类社会的进化史就是摄取能量和使用能量的历史。

“幸运纬度带”，也就是欧亚大陆北纬20度到北纬35度，北美大陆北纬15度到南纬20度之间的地区。

历史，就是懒惰、贪婪、又充满恐惧的人类，在寻求让生活更容易、安全、有效的方式时创造的，而人类对此无意识。（莫里斯）

科举是整个2.0文明最伟大的制度创新，在人类历史上我认为称得上第二伟大的制度创新。

凡是能创造平等的制度都是最伟大的制度创新。

现代化就是当现代科技与市场经济相结合时产生的经济无限累进增长的现象。

最大的市场会成为唯一的市场，任何个人、企业、社会、国家，离开这个市场之后就会不断落后，并最终被迫加入。

因为没有共同承认的事实和逻辑，没有共识基础，观点争论就像平行轨道一样互不交接。

创新是个性的延伸，未来文化将更重视个性主义。

今天，在技术、自然科学、社会科学、商业、文化、艺术等领域内几乎所有重要创新和新思想都最先在英语中出现。

与科技文明相适应的现代政治需要多一些道家底色。

人类就本性而言，感情上追求结果平等，理性上追求机会平等。凡是提供机会平等的社会都可以持续发展。

从争夺土地到争夺市场，体现了从农业文明向科技文明转化过程中争夺重心的转移。

为农业保留只有石化燃料才能提供的化肥，是人类长期生存的根本要求。

大脑不仅是一个以碳材料为基础的有机超级计算机，还是一个有机信号传输中心，对此我们今天还知之甚少。

股票以6%、7%的速度增长，在200年里涨了100万倍。

至少在美国的交易记录，几乎所有的以短期交易为目的的各种形形色色的所谓战略、策略，基本没有长期成功记录。

芒格先生订阅了《巴伦周刊》，这个杂志他看了四五十年，那么他发现了多少机会？一个，就一个，而且这个机会还是在看了30年后发现的。

我们现在的大脑是自然选择的结果，而我们今天的生活状态实际是文化进化的结果。

数据是对过去发生事情的记录，量化交易、AI 交易声称数据是万能的，相当于说根据过去发生的事可以万无一失地预测未来。

灵魂就是一堆细胞，我们身上没有一处不是生物的。

伍迪·艾伦的笑话：百分之九十的成功要归功于从不缺席。

以上的摘录只是书中精彩内容的一小部分。作者以俯视的角度来叙述宏大的主题，没有巨大的知识积累和长期深入的思考是难以办到的。我与李录是同时代人，他的成就我望尘莫及。他的经历提醒我，我们所处的时代是多么特别，我们又是多么幸运。

78
读《价值》有感

2020 年 9 月 24 日

这个夏天，两位顶级华人投资家不约而同出版了投资专著，给纷乱而苦涩的日子增添了一丝暖意。张磊与李录一样，具有传奇的学习和投资经历，并且取得了令人瞩目的成功。他创办的高瓴投资基金获得耶鲁、哈佛等世界著名学府庞大捐赠基金的认可，早期介入腾讯、京东、美团、滴滴、福耀玻璃、格力电器、良品铺子、蓝月亮等公司，获得超额收益。

《价值》类似于张磊的自传，记录了他成长的经历和重要的投资实例，披露了他对投资的思考。

书中对价值投资理论发展的论述令人信服。20 世纪 30 年代，美国股市经历了大萧条的洗礼，市场对风险格外重视，以格雷厄姆为代表的一群人通过仔细研究公司报表，找出股价大大低于账面价值的股票进行投资，获得了理想的投资成绩，本书将格雷厄姆的努力定位为价值投资 1.0 时代。后来巴菲特受芒格和费雪的影响，不再找“烟蒂股”，改以适当的价格买入优秀的公司，50 年的坚持造就了人类历史上迄今最伟大的投资传奇，算作价值投资 2.0 时代。张磊的理论在此基础上进行拓展和深化，提出通过对行业长期跟踪及对变革的预见和把握，通过对人、环境和组织的观察和研究来判断目标公司的未来。通过资本赋能、科技赋能，提高投资对象达到预期目标的概率。我认为这套理论有资格成为价值投资的 3.0 版本。

作者在经济、管理等方面知识储备深厚，提出了许多新颖的观点，处处闪耀着智慧之光。如：

做时间的朋友。

投资要 think big think long（目标要大，眼光要远），要与具有企业家精神的人一起干大事。

时间是创新者的朋友，是守成者的敌人。

第一性原则：最好的分析方法未必是使用估值理论、资产定价模型、投资组合策略，而是坚持第一性原则，即追本溯源，这个“源”包括基本的公理、处世哲学、人类的本性、万物的规律。

动态的“护城河”：世界上只有一条“护城河”，就是企业家不断创新，不断疯狂创造价值。

心中的三把火：只有烧不坏的东西才重要，即人的知识、能力和价值观，支撑因素是人的好奇、诚实和独立，这三点构成价值投资的基础。

……

如果说测不准原理是经典物理学与现代物理学的分水岭，那这本《价值》在价值投资领域则具有类似的地位。书中提出的方法不仅仅针对二级市场，对普通投资者而言，也许不能完全适用。

访谈篇

79

信立泰（上）

2020年8月27日

访谈背景

8月27日，信立泰发布半年度报告。公告显示，公司半年度营业收入15.3亿元，同比减少34.81%，归属上市公司股东的净利润1.9亿元，同比减少68.92%。此外信立泰还披露了第三季度业绩预告，预计2020年1—9月归属于上市公司股东的净利润为2.44亿元至2.8亿元，与上年同期相比变动幅度为-65.97%至-60.95%。

[问] 大晕杆：

自由老师好，请问信立泰在研的创新药最终成药的概率有多大？几个重磅药成功概率有50%吗？这些创新药未来的市场竞争是否激烈，能否带来丰厚的利润？

[答] 自由的滋味真好：

有人做过统计，创新药一期临床成功率不到10%，三期80%，还要看病种、靶点等因素。比如JK07是全新靶点和机理，可能难度更大。我问过公司，好在纽卡定已经做了20年，信立泰可以借鉴经验，而且6家顶级医院参与其中，也说明成功的概率较高。FDA对此药也比较关注。

［问］前程似锦丰衣足食：

您好！目前中美形势对信立泰在研及临床产品会不会有影响？

［答］自由的滋味真好：

你好！这个问题我一般不考虑，因为这是全面的、系统性的风险。如果考虑这些就无法投资了，而且这些风险是无法规避的。我曾经写过一篇文章，将股市的风险归纳为5种，对这种极端风险最好的办法是不考虑。

［问］朴实的小韭菜：

自由哥好！一期员工持股的股份来源应该是大股东，按照公告，现在回购的股份30%用于二期股权激励，30%回购股份只有一期员工持股的1/4，这对处于发展壮大中的公司应该不够，按照您的推断，公司应该会有什么样的方案？

［答］自由的滋味真好：

你好！回购的1700万股肯定不够，公司应该会有整体计划，不排除会增发、大股东转让、发行可转债等。

［问］玻璃相机：

老师好，前期有个治疗糖尿病足的引进药，还有后续进展吗？谢谢。

［答］自由的滋味真好：

你好！公司中期报告已经不再表述研发进度，应该已经暂停研发。

［问］二两豌豆：

自由哥好，半年报中，经营活动现金流净额 10.94 亿元，归母净利润 1.97 亿元，两者的差额很大。即使扣除研发费用化和半年报所说的应收票据较2019 年末减少的4.38 亿元（票据贴现回款），还有很大的差额。自由哥能否解读一下，谢谢！

［答］自由的滋味真好：

你好！这个问题去年年报中就很显眼，我也问过公司，原因是：收回应收款、支出减少、票据贴现。我认为这些仍然不能完全解释，还应该加一条，即去年之前经营质量好，财报比较谨慎，留有余地吧。

［问］时雨 q9k：

你好！信立泰半年度报告公示，营收同比减少 34.81%，归属于上市公司股东的净利润同比减少 68.92%。请问，除了受新冠肺炎疫情影响外，导致营收减少的原因还有哪些，导致利润大幅减少的原因主要有哪些？创新药研发的临床试验到了哪期？谢谢！

［答］自由的滋味真好：

你好！导致营收和利润减少的主要原因有两个：一个你说了；另一个是联盟地区泰嘉失标，现在执行了。今年上半年是极端的例子，以后不会更坏了。

［问］戒急用忍 0811：

您觉得信立泰大约需要多久才能转型为创新药企，同时估值大概是多少？

［答］自由的滋味真好：

创新企业没有具体的标准，创新的成色也不同，市场上有很多企业是伪创新、真圈钱。估值要看市场的氛围，高瓴资本说这个企业价值 10 亿元，然后它买了 1 亿元股票，这个企业可能就真值 10 亿元。

有价值的东西不多，“资产荒”会一直存在。

［问］三石屋：

您预计信立坦上半年的销售额是多少，全年销量有多少？

［答］自由的滋味真好：

我估计上半年的销售额在 3 亿元左右，全年在 7 亿元以下。

［问］滇西之王：

您怎么看信立泰未来三年的营收？支架集采对信立泰的影响大吗？

［答］自由的滋味真好：

未来三年营收会稳定增长，但幅度不会非常大。支架集采对公司是个挑战。

［问］APOLLOCN：

请问特立帕肽的后期市场情况如何？和原研药比较，信立泰的产品有什么优势吗？产品进入医保有几成把握？

［答］自由的滋味真好：

信立泰的产品是粉针，依从性没有水针和长效的好，2021 年水针可以上市。在这方面，公司的优势谈不上，开一条骨科线，做一定量的营收就可以了。

［问］大胖 Q：

您好，信立泰的管理层缺乏“狼性基因”，您怎么看管理层的战略、情怀和执行力？

［答］自由的滋味真好：

你好！我对“狼性”并不看重，我觉得大股东的善良、正直、眼界、情怀更可靠，并能把公司带到更高处。

［问］Small 月月：

请问一下 Nanatinostat 这款孤儿药在中国临床后出药率大不大？出药后这个产品在中国的市场规模有多大？产品估值是多少？

［答］自由的滋味真好：

这款药国外在二期临床中，国内还没有上临床，没有相似的药可以比较，但是这笔投资已经升值了，公司当然不会卖。

［问］执着淡淡：

从半年报看，信立泰和其他药企相比缺点是什么？

［答］自由的滋味真好：

我觉得缺点是公司还没有推倒重来、脱胎换骨的决心，具体表现在财务、股权结构。

［问］二两豌豆：

自由哥好，目前公司已在“三高”治疗领域布局创新药研发，不知公司是否在“高尿酸”痛风治疗领域有创新药布局计划，恒瑞医药在痛风治疗领域已有创新药研发布局。您能否建议公司也在此领域加紧布局？谢谢。

［答］自由的滋味真好：

还没有。

［问］爸爸的小笨笨：

信立泰的中报确实挺难看的，目前估值确实不低，今天市场不跌反涨，请问您如何看待信立泰目前的市场估值？

［答］自由的滋味真好：

创新药重点是看管线未来的商业价值，而不是看当期经营成果，这点与传统行业不同。

［问］苦菜烈酒：

自由兄，我的问题比较多：（1）公司对这次器械集采是怎么看的，是低价务必拿下，还是同时兼顾价格和销量？（2）公司引进资本是考虑黑石、高瓴这样的纯资本方，还是会引进一些跨国药企进行战略合作？公司有没有初步的意向？（3）公司接下来在临床药品收购方面有没有接洽的意向？

［答］自由的滋味真好：

你的问题属于内幕信息，我不知道。

［问］融河：

请问自由兄，如何预估信立坦的销售峰值？有"球友"预测大概20亿元，也有其他"球友"反驳，认为远达不到这个数。我想知道你的见解和依据。非医药圈内人士如何预判一款药的销售峰值呢？

［答］自由的滋味真好：

根据市场情况，同类比较和2018年、2019年、2020年的实际销售量预测，估计信立坦的销售峰值在30亿元以上。

［问］白眉行者：

自由老师，针对恩那司他片，公司在时间轴上是如何规划的？

［答］自由的滋味真好：

你好！2021年报产，2022年上市吧。

［问］王灏7777：

自由哥，我觉得高瓴资本在买入信立泰，您怎么看？

［答］自由的滋味真好：

不知道，但愿如此。

［问］金山2020：

信立泰的现有估值合理吗？老师觉得估值可以到多少？

［答］自由的滋味真好：

我认为基本合理吧。

［问］月下修箫谱：

您认为未来五年信立泰能达到 1000 亿元的市值吗？

［答］自由的滋味真好：

这要看新药研发情况和商业化情况。

［问］不由人：

自由哥，你好！我想问一下，你觉得信立坦这款药在专利期大概能给公司带来多少利润？另外，信立泰布局的研发管线中，你最看好的是哪些？

［答］自由的滋味真好：

你好！针对这一问题，我写过一篇文章。我认为信立坦价值 150 亿元。公司后续最重要的品种是 JK07。

［问］深蓝至尊：

公司在器械集采中是否能中标呢？

［答］自由的滋味真好：

公司不愿意说这个话题，我也不知道。

［问］一颗雄心向前飞：

您好，请问对于中报所透露的发展方向，其中存在的问题您是如何看待的？

［答］自由的滋味真好：

你好！主要是营收下降太多，但现金流很好，负债低，不会影响发展。

［问］内控王 2015：

你好，信立泰刚发布中报，业绩下降60%多，您认为这是信立泰最低业绩表现吗？今后是否逐年上升？

［答］自由的滋味真好：

你好！我认为是最低的一个季度。

［问］任平生者何人：

信立泰中报显示，研发投入同比有所下滑，未来相当长的一段时间，公司将转型创新，现有的利润基础恐怕难以支撑新药研发投入的资金缺口。公司如何解决融资问题，会有一些明显预期吗？

［答］自由的滋味真好：

你好！我认为公司的资金没问题。

［问］一亩三分地3aa：

信立泰在日本购买的新药，可能跟日本同时上市吗？或者2021年上市的可能性有多大？

［答］自由的滋味真好：

不能同步上市，估计2022年上市。

［问］xbn23：

请问信立泰股权激励有无可能与战略投资引入同步实施？信立泰除了坪山厂房之外，是否还有大量隐蔽资产未体现公允价值？

［答］自由的滋味真好：

我写过文章预测信立泰的股权结构变化，我认为会有比较大的动作。公司年报和中报都写道：公司经过了国外公司的多次尽调，应该引起重视。信立泰目前的股权结构不符合创新的要求，我想老叶总一定看到了。至于是否有隐藏价值，我想，房产升值这些都是小钱，真正的大资产是新药。

［问］月下修箫谱：

您好，信立泰医疗器械领域的前景如何？可以预见未来打通5G和慢性病器械肯定没错，但目前是转型期，公司在资金方面怕是面临一个大问题。

［答］自由的滋味真好：

你好！5G加医疗器械，您想得够远的。

80
信立泰（下）

2020 年 9 月 30 日

访谈背景

近日，信立泰发布公告，大股东出售 5% 的股权（价格约 34 元/股，总额约 17.6 亿元）给凯雷集团，引入战略投资者。此外，公告中还写道，凯雷集团十分认可信立泰建立的团队和产品布局。公告发出后在雪球社区内引起了激烈的讨论。次日，市场更是以高开 6 个点回应对该消息的认可。

[问] 樱桃味可乐：

请问后续这种资本运作是否还会有？谢谢！

[答] 自由的滋味真好：

你好！这个问题可能是大家现在比较关心的，我谈谈我的观点。这次股权转让是公司大框架的股权结构调整的一部分，而不是针对资金问题。新药创新和兼并收购都要用到大量资金，如百济神州，自上市以来融资 78 亿美元。结合股权调整，我认为这次股权转让只是新征程的第一步，接下来可能还会有动作，目的是获取人才和资金。具体是：

1. 公司推出深度的股权激励和员工持股计划，动用5%以上股份，来源是大股东转让或增发（可能性100%）。

2. 如果股价涨很多，公司启动10%左右股份的增发，筹集资金（可能性50%以上）。

3. 公司利用二级市场回购股份发行可转债，筹集资金（可能性100%）。

4. 公司较大幅度地增加银行长短期贷款（可能性50%以上）。

5. 公司引进除凯雷之外的机构投资者，增发股份（50%可能性）。凯雷集团是私募股权投资基金，以后会退出。

［问］A股来信：

请问，您是怎么预知这些事情的？

［答］自由的滋味真好：

一是长期跟踪和对公司价值的了解，我知道一定会有资金投资信立泰。二是看近期股价表现，已经不能用新药临床等消息来解释。三是近期公司公告回购苏州、山东、成都等子公司少数股权。四是年报、中报已经透露蛛丝马迹。

［问］玉壶冰心2003：

信立泰股价上百元需要几年？

［答］自由的滋味真好：

我不会算命，只能说现在看来前景非常好。

［问］thanker 21：

你好，根据你的推算，信立泰市值应为多少？预计什么时间可以达到该市值？

［答］自由的滋味真好：

我一般不推算市值，因为其受市场影响太大，推不准。现在创新药企静态估值都非常高，动态看也许还在婴儿期，但是能长大成人的可能只有1/100。

［问］老浪人：

中期市值能到多少？

［答］自由的滋味真好：

就业绩来看，现在的市值已经很高；但从前景来看，现在的市值还很低。关键是公司以后在创新的路上能否顺利。

［问］股神5287：

企业会定位往什么方向发展？

［答］自由的滋味真好：

创新驱动型企业，国际、国内慢性病治疗领域的重要企业。

［问］朴实的小韭菜：

自由哥好！凯雷集团除了公告所说的在业务上的帮助外，在资金层面能不能帮帮信立泰？毕竟搞创新药研发太花钱了。这次转让，钱是给大股东的，解决公司资金问题还有哪些办法？可转债大约什么时间发行，如何设计？

［答］自由的滋味真好：

你好！凯雷集团将给信立泰带来4大资源，包括专家、临床资源、销售渠道和项目。信立泰也有投资和项目部门，在资金方面也可以得到凯雷集团的帮助。

［问］cjrb：

凯雷集团在医疗领域（包括新产品研发、临床资源和商业化渠道等方面）有哪些具有代表性的案例?

[答] 自由的滋味真好:

凯雷集团在医疗领域投过 80 个项目，共有 130 亿美元。其在中国投了艾迪康、微创医疗、昂博等，与复星资本也有合作。凯雷集团最大的一笔钱是在太平洋保险旗下的寿险上赚的，共 34 亿美元。

[问] 偶尔也得瑟:

公告写道，双方深层次合作的第一条是，助力信立泰实现国际化业务布局，自由兄觉得国际化布局可能包含哪些内容?

[答] 自由的滋味真好:

新药研发和并购，以及新药的销售推广，不排除子公司在美股、港股上市等。

[问] 偶尔也得瑟:

自由兄，请教一下，美国信立泰今后必将单独上市，能展望一下单独上市可能的时间节点和对信立泰估值的影响吗?

[答] 自由的滋味真好:

这就远了，现在还不具备条件，以后也许会有预测。前提是 JK07 至少顺利进入三期临床，并且二期数据好。如果美国子公司能上市，这对信立泰来说是里程碑事件，标志着其国际化取得初步成功。

[问] FZC 沙鹰:

您好，凯雷集团是什么风格，它投资的回报时间和回报率一般如何? 创新药的利润要 2 ~3 年后才能兑现吗? 那么在兑现之前信立泰还有哪些风险点需要关注呢?

[答] 自由的滋味真好:

你好！在中国，私募股权投资人倾向于只投不管，因为 IPO 的收益太高，全力推上市就能获得收益。但是在欧美国家，他们的逻辑是“buyout and build”，即买下来并把它建设得更好。信立泰在研的专利药两三年内不能产生利润，最大的风险是研发失败。

［问］大晕杆：

自由哥好，目前叶总处于质押状态的股份有大约 2.9 亿股，数量不少。叶总质押出来的资金是否用于上市公司的研发？信立泰质押股数量不少，对此我是有一些担心的。不知道这次转让所得款项能否降低质押比例。

［答］自由的滋味真好：

你好！叶家的资金用在叶家的另外产业，与信立泰无关。大股东质押只占 42%，这次又收回 17 亿元和第一次员工持股借出的钱，因此不缺钱，不存在风险。

［问］NNYYbaba：

请问如何追踪信立泰公司在研项目的进展？目前的国际环境会对信立泰的国际化造成不利的影响吗？

［答］自由的滋味真好：

项目追踪要长期留心，注意看公告，还可以看 CDE、FDA 等平台的公开数据。至于国际环境不用多考虑，不然什么事也做不了。有趣的是凯雷集团被称为“总统俱乐部”，这方面应该有优势。

［问］一观众一：

公司的 5 亿元回购还是没用完，您觉得会再次提价回购吗？

［答］自由的滋味真好：

不会。

［问］止水明源：

请您根据信立泰这笔投资在凯雷投资总额中所占比例及其投资手法、惯例等情况综合分析一下，凯雷集团对信立泰的重视程度及凯雷是否会追加投资？

［答］自由的滋味真好：

就现有的资料可以看出，凯雷集团对信立泰的价值是认可的，而且与国内机构的看法完全相反。凯雷集团短期追加投资的可能性不大。

［问］橙色666666：

如果信立泰子公司在美股上市，这件事对国内信立泰有什么利好呢？

［答］自由的滋味真好：

现在还看不到上市，即使上市还要看研发中新药的价值、管线估值等，药的价值可以相差万倍。

［问］小葱拌豆腐8899：

从股价来看，信立泰此次给的价格并没有释放很强的溢价或折价的信号，请问这样一次战略投资的引进，意义何在？

［答］自由的滋味真好：

从这个价格已经可以看出凯雷集团对信立泰价值的认可，毕竟信立泰股价在20元徘徊了一年多，国内没有一家机构感兴趣。对信立泰而言，这次战略投资是里程碑事件，是国际化和创新转型的新起点；对医药行业而言，是国际资本对中国近几年医药创新热潮的肯定，显示国际资本看好其未来。

［问］复合的增长：

请问作为私募基金，凯雷集团最长会持有信立泰多久？毕竟药物研发是非常耗时的。

［答］自由的滋味真好：

凯雷集团以后会退出，一般至少 5 年时间，退出的时候通常会找产业资金接手，如大型药企等。关键看价值，有价值就不愁资金。

［问］zimu45：

请问您会持有信立泰到什么时候，有具体的目标吗？

［答］自由的滋味真好：

我买股票之前如果觉得将来会抛，一般就不买了。

［问］zd2020：

新药成功率比较低，我看过你的估值方法，会不会对新药的成功率太过乐观了呢？

［答］自由的滋味真好：

信立泰有一个优点，就是公司做事情立意高且不盲目，例如 JK07 是首创品种，但有泽生 20 年的经验可以借鉴，有充分的技术储备，难度就要小多了。有些企业实际是借创新之名圈钱，市场中这样的企业还不少。

［问］价值人生 01：

信立泰在药品方面如何超越石药集团，在器械方面如何跟上微创医疗？

［答］自由的滋味真好：

有些东西不好放在一起比，石药集团、微创医疗在各自的领域确实很厉害，市场也做出了反应，但不能说其他企业就不能进步发展。

［问］价值人生 01：

如何看信立泰与微创医疗之间的竞争和合作？

［答］自由的滋味真好：

双方的竞争主要在支架，信立泰后续有封堵器、球囊、导管、微针等，以后相互竞争的领域会更多。市场这么大，应该都有一碗饭吃。

［问］月下修箫谱：

请问信立泰困境反转的希望有多大？

［答］自由的滋味真好：

困境反转是比较确定的，明年开始业绩会稳定并增长。

［问］Small 月月：

自由哥认为现在信立泰的估值情况如何，对美国信立泰有什么期望？

［答］自由的滋味真好：

就业绩来看股价已经贵了，但不代表不能涨，比它贵的股票多得很。凯雷集团入股会对美国子公司产生重大的有利影响，增加了 JK07 和新出现的肝癌创新药成功的可能性，也拓展了该公司进一步发展的空间。

［问］唐朝艺术海军：

自由哥你好，请问信立泰今后要走的路能与目前国际或国内哪家药企联系在一起？或者说哪些药企曾经走过信立泰未来要走的路？谢谢！

［答］自由的滋味真好：

你好！就创新和国际化而言，在国内可比的是百济神州、信达生物和恒瑞医药。信立泰已经走到了第一集团，但体量还不大。

［问］ouzhouren：

自由哥你好，信立泰现在似乎已经是心血管疾病治疗领域的第二龙头，您觉得它与第一龙头的差距在哪里？如果要超越，应该从哪几方面下手？谢谢！

［答］自由的滋味真好：

你好！请问龙头第一是谁呢？

［问］黑白刹那：

您觉得信立泰最吸引凯雷集团的是什么？

［答］自由的滋味真好：

公告写了，是团队建设、现代企业的组织架构和现有管线。